Nichts als die Wahrheit
Der Fall Lance Armstrong und die Aufarbeitung eines
der größten Betrugsskandale in der Geschichte des Sports

Der Text zum gleichnamigen Hörbuch, geschrieben und vorgelesen
von Jürgen Kalwa

Die Deutsche Nationalbibliothek verzeichnet diese Publikation in der Deutschen Nationalbibliografie; detaillierte bibliografische Daten sind im Internet über http://dnb.d-nb.de abrufbar.

sonixstories, die erste

©2019 Jürgen Kalwa

Herstellung und Verlag: BoD - Books on Demand, Norderstedt

ISBN 978-3-7481-6740-2

Vorbemerkung | 7

Der ellenlange Vorspann: Wenn er bei den Rennen betrügt | 11

Eine feste Wagenburg ist unser Gott | 45

Einzeltäter? Eine Theorie, die in die Irre führt | 59

Unglaublich. Erstaunlich | 75

„Say Hi to Juliet" | 85

Speichellecker, Schleimer und ein paar Menschen auf der Suche nach der Wahrheit | 109

Tiefere Einsichten | 127

Wie man einen Reifen wechselt | 143

Hintergrundgeräusche | 151

Was bleibt? | 179

Lance Armstrong unter Eid. Zum zweiten Mal | 189

Glossar – ein Abriss der wichtigsten Personen | 195

Mein Dank | 213

Vorbemerkung

Diese Ausgabe von *Nichts als die Wahrheit – Der Fall Lance Armstrong und die Aufarbeitung eines der größten Betrugsskandale in der Geschichte des Sports* ist die gedruckte Version eines Original-Hörbuchs mit demselben Titel. Sie enthält deshalb eine Reihe von gestalterischen Besonderheiten, die auf den Ursprung des Projekts zurückgehen.

Die vorliegende Arbeit beruht auf mehrjährigen Recherchen, in deren Verlauf ich eine große Zahl von ausführlichen und sehr persönlichen Interviews mit Menschen führen konnte, die den Skandal und seine vielen Verzweigungen aus nächster Nähe kennen: ehemalige Gefährten, wichtige Zeugen, aber auch profilierte Journalisten, die mit ihrer investigativen Arbeit einen erheblichen Beitrag leisteten, den Druck der Öffentlichkeit zu erhöhen und Lance Armstrong irgendwann doch noch zur Strecke zu bringen.

Den größten Teil der Interviews konnte ich im Rahmen dieses Projekts in Radioqualität aufnehmen, was darauf zurückgeht, dass ich seit zehn Jahren für das intimste Medium von allen tätig bin – den Rundfunk – und technisch entsprechend ausgestattet bin. In einem beschränkten Umfang konnte ich das Material deshalb auch bei den zwei Sendern, für die ich regelmäßig im Einsatz bin, auswerten. So etwa für eine lange Sendung in der Reihe *Nachspiel* von *Deutschlandfunk Kultur* (*Der Fall Armstrong – Über Dopingsünder und ihre Seilschaften*) und für die Reihe *Hintergrund* im *Deutschlandfunk* (*Das spanische Netzwerk – Der Doping-Sumpf des Dr. Fuentes*). Diese Produktionen wurden jedoch ganz nach den Gepflogenheiten des öffentlich-rechtlichen Rundfunks nach einem halben Jahr wieder aus der Mediathek genommen. Man kann sie sich deshalb nicht mehr anhören. Abgesehen davon wird sehr vieles aus meinem umfangreichen Armstrong-Archiv in diesem Hörbuch zum ersten Mal präsentiert.

Der Charakter dieser anspruchsvollen Sendungen blieb dabei übrigens Inspiration und Vorbild für dieses für die Buchbranche eher ungewöhnliche Multimedia-Format. In den englischsprachigen Teilen der Hörbuch-Welt, in denen so etwas schon ausprobiert wurde, verwendet man dafür gewöhnlich naheliegenderweise auch nicht den Begriff *audiobook*, sondern *radio play*. Es klingt für diese Zwecke etwas unprätentiöser als der Begriff *Hörspiel*. Auch weil in ihm etwas anklingt, was im vorliegenden Fall nicht in Frage kam. Es gibt nur eine einzige zentrale Stimme, die des Autors als dem Vorleser.

Der wichtigste Unterschied zwischen den beiden Kategorien lässt sich vielleicht so am besten beschreiben: Hörbücher werden gemeinhin von einem einzelnen Sprecher vorgetragen, der sich als Erzähler zum Beispiel bei literarischen Texten mit schauspielerischem Gefühl in die Dialoge der unterschiedlichen Figuren hineinfindet und deren wörtliche Rede interpretiert.

Im Kontrast dazu enthält dieses Buch nicht nur Elemente wie Original-Interviewaufnahmen und Ton-Zitate wie jene von der ausführlichen Zeugenaussage, bei der Lance Armstrong 2005 in einem Schiedsgerichtsverfahren in Texas einen Meineid beging. In dieses Hörbuch integriert sind aus gestalterischen und atmosphärischen Gründen auch Musikelemente. Dieses Material stammt nicht aus anonymen Quellen aus dem Netz, wo man funktionale Musik von der Stange kaufen kann. Ich habe diese Klänge eigens für dieses Buch komponiert. Was damit zu tun hat, dass ich mich neben meiner journalistischen Arbeit seit vielen Jahren mit dem Komponieren beschäftige und diese Musik im Rahmen eigener Video- und Radioproduktionen einsetze.

Und noch ein Hinweis: In der Audio-Fassung werden die englischen Originaltöne so gut wie immer mit deutschen *voiceover*-Passagen synchron übersetzt. Damit die Nuancen des Ausgangsmaterials nicht verloren gehen, sind beide Textelemente – die englischen und die deutschen – sowohl in der gedruckten Fassung auch als im eBook enthalten. Die übersetzten Passagen stehen meistens jeweils unmittelbar unter den Original-Interviewteilen.

Um ihren besonderen Charakter herauszustreichen, erscheinen übrigens alle englischen Originaltöne in kursiver Schrift. Zur leichteren Identifikation steht der Name des zitierten Sprechers in Versalien jeweils am Anfang des betreffenden Absatzes.

Wenn man ein derart aufwändiges Projekt irgendwann tatsächlich abgeschlossen hat, malt man sich aus, auf welche Weise ein Text wie dieser, in dem soviel unterschiedliche Menschen zu Wort kommen und so viele gedankliche Fäden verknüpft werden, und wie ein solches Hörbuch beim Leser/Hörer aufgenommen werden. Ich habe mir stets vorgestellt, dass die ideale Kombination vermutlich wäre, beim Abspielen des Hörbuchs den Text vor sich zu haben, um mitlesen zu können. Was natürlich in Situationen wie bei der Fahrt im Auto überhaupt nicht in Frage kommt. Falls sich aber tatsächlich jemand für eine solche, etwas aufwändigere Beschäftigung mit dem Material begeistern kann, würde ich mich über eine Rückmeldung per Email freuen. Aber auch jedes andere Feedback ist höchst willkommen.

West Cornwall, Connecticut, Oktober 2018

Der ellenlange Vorspann: Wenn er bei den Rennen betrügt

Wir alle, wir waren nicht dabei an diesem Tag im November 2005.

KANZLEIGEHILFE: „November 30, 2005. You may swear in the witness."

Saßen nicht in diesem Konferenzraum einer Anwaltskanzlei in Texas.

KANZLEIGEHILFE: „You solemnly swear the testimony we will about to hear will be the truth and nothing but the truth."

Wussten zu diesem Zeitpunkt nicht einmal, dass sie stattfand: diese Befragung hinter verschlossenen Türen.

LANCE ARMSTRONG: „Yeah."

JEFF TILLOTSON: „If you state your name for us, please."

LANCE ARMSTRONG: „Lance Armstrong."

JEFF TILLOTSON: „Mr. Armstrong, my name is Jeff Tillotson."

Aber es lief damals eine Videokamera und zeichnete alles auf.

Wenn ich *wir* sage, dann meine ich eine ziemlich überschaubare Gruppe von Menschen, die sich seit langem mit einer der größten Geißeln im Sport beschäftigt: mit Doping, besonders im Radsport, wo es am schlimmsten zuging.

Jeder von uns nimmt das Thema unterschiedlich wahr und geht damit auf unterschiedliche Weise um. Aber eines haben wir vermutlich gemeinsam: Wir würden gerne die Wahrheit wissen. Nichts als die Wahrheit. Über die waren dopende Radfahrer hinweg gestrampelt und hatten sie zerkrümelt und als trockenen Pistenstaub hinter sich gelassen. Hatten die wenigen ehrlichen Sportler betrogen. Und natürlich die zahlende Öffentlichkeit.

Es wäre dafür hilfreich gewesen zu wissen, was an diesem Tag in dieser Kanzlei in der Pearl Street in Austin passierte. Tatsächlich mussten wir viele Jahre darauf warten, bis wir es erfuhren. Bis 2011, als erste Videoaufnahmen auf *YouTube* auftauchten. Und schriftliche Protokolle der Vernehmungen im Netz.

Das Material wirkte auf den ersten Blick nicht besonders aufschlussreich. Was in ihm steckte, zeigte sich erst eine Weile später.

2011? Da hatte man eher das Gefühl, man wache aus einem tranigen Traum auf, in dem man über einen dieser hingeworfenen Sätze von Hemingway gestolpert war, aber den nicht richtig verstand.

Ein Mann wie Ernest Hemingway kommt einem auch deshalb immer mal wieder in den Sinn, weil er eine, wenn auch nicht besonders bekannte Faszination für den Radsport besaß. Und weil er in seinen literarischen Arbeiten die emotionale und die intellektuelle Ebene gleichermaßen darzustellen verstand. Seine Idee vom *code hero,* dem Helden, der nach redlichen Grundsätzen lebt, Ehrhaftigkeit als Ideal empfindet, Mut und Ausdauer besitzt und der in einer manchmal chaotischen Welt Stress und Schmerzen erleidet und am Ende eine Niederlage erlebt, passte zum Sportbegriff seiner Zeit.

Hemingway hatte zwischen den Weltkriegen längere Zeit in Paris gelebt und dort das Bahnradfahren entdeckt. Er hielt sich deshalb oft im *Vélodrome d'Hiver* im 15. Arrondissement unweit vom Eiffelturm auf, wo ihn „das rauchige Licht des Nachmittags" und das „Surren, das die Reifen auf der Holzpiste machten", in eine anregende Stimmung versetzten. Er habe damals in seiner Begeisterung „viele Geschichten über Radrennen angefangen", verriet er Jahre danach in seinem Buch *Paris – ein Fest fürs Leben.* Dumm bloß, dass er mit seinen

Anstrengungen nicht zufrieden war. Jedes Mal, wenn er fertig war, hatte er das Gefühl, die Schreibresultate waren schlechter als die Rennen selbst.

Dafür, dass ihm nicht gelungen war, was er sich vorgenommen hatte, fand er irgendwann sogar eine Erklärung. Es gebe nur eine Sprache, in der man über Radsport treffend schreiben könne, behauptete er. Die Sprache, die einen Großteil seiner Terminologie hervorgebracht hat: Französisch.

Immerhin schaffte er es, ein paar Sätze *en passant* in einen seiner Romane einzuflechten – in die Stierkampf-Geschichte *Fiesta,* erschienen 1926. Dort bezeichnete er die *Tour de France* „als die großartigste Sportveranstaltung auf der Welt". Womit er andeutete, wie gerne er den Mythos vom Radsport und von den körperlichen und mentalen Entbehrungen seiner Protagonisten überhöht hätte. So wie er das mit dem Stierkampf betrieben hatte und später mit der Großwildjagd und dem Hochseeangeln tat.

Dass ihm die fehlenden Sprachkenntnisse den Weg versperrt hatten, würde ich eher für eine Ausrede halten. Ich vermute, er ahnte einfach, dass Radsport als Sujet für sein damals noch nicht sehr großes Publikum in den Vereinigten Staaten nicht exotisch genug war. Denn man folgte mit Baseball, Football, Galopprennen und Boxen bereits einigen Sportarten intensiv, hatte Leichtathletik und Ringen in den Schulen und Hochschulen fest installiert und sah, wie Basketball und Autorennen an Zuspruch gewannen. Hingegen interessierte man sich kaum für die Entwicklungen in Europa. Diese amerikanische Ignoranz galt zum Beispiel auffallend stark dem Fußball. Und eben auch dem Radsport. Die *Tour de France* blieb den Menschen in den Vereinigten Staaten deshalb völlig fremd. Und das war sie selbst noch, als das Rennen mit Greg LeMond 1986 zum ersten Mal (und dann noch zwei weitere Male) von einem Amerikaner gewonnen wurde. Es gelang dem Mann aus Minnesota damals nur ein paar Sommer, ein wenig Aufmerksamkeit auf das Ereignis zu lenken.

Das Projekt der Mythologisierung des Radsports war in Amerika damit also zunächst ausgeblieben und fiel so erst einer späteren Generation in den Schoß. Es begann im Juli 1999 umso nachdrücklicher, ausgerechnet in dem Monat, in dem Hemingway hundert Jahre alt geworden wäre. Da gewann Lance Armstrong, der 1993 mit gerade mal 21 Jahren Straßenradweltmeister geworden war und damit seine Ankunft im Spitzensport angekündigt hatte, zum ersten Mal die *Tour de France*.

PHIL LIGGETT (FERNSEHKOMMENTATOR): „But the winner of the Tour de France in a big field is the American Lance Armstrong. And what a ride this has been. It will be remembered in the millennium as one of the finest sporting achievements in the history of not just cycling, but in any sport.“

„Eine Leistung, die ihn auf der Stelle zu einer Berühmtheit machte", schrieb die *New York Times* später mit Blick auf das starke Echo, das dieser Sieg in seiner amerikanischen Heimat produzierte.

Hemingways Verneigung vor Frankreich und seiner Sport- und Sprachkultur wirkte durchaus begründet. Ein Franzose hatte die antike Idee von Olympischen Spielen reanimiert, die nach einer Reihe von Stationen 1924 in Paris gastierten. In Frankreich war 1904 zum Beispiel der internationale Fussballverband FIFA gegründet worden und bemühte sich danach, die ersten Weltmeisterschaften auf die Beine zu stellen.

Die *Tour de France*, die im Jahr 1903 zum ersten Mal stattfand und das Vorbild für alle anderen Etappenrennen wurde, hob diese Ambitionen auf die nächste Ebene. Angefeuert von einer Philosophie, die der olympische Vorturner Baron Pierre de Coubertin so formuliert hatte: „Das Wichtigste im Leben ist nicht der Triumph, es ist der Kampf; das Wesentliche ist nicht, gesiegt, sondern sich wacker geschlagen zu haben."

Die *Tour de France* der frühen Jahre tat alles, um diesem Ziel näher zu kommen. Sie wurde zur *Tour de souffrance*, zur Tour der Leiden, nahm Etappen ins Hochgebirge ins Programm und schickte die Teilnehmer jahrelang auf eine über 5000 Kilometer lange Gesamtstrecke. Die längste Tour wurde 1926 gefahren. 126 Fahrer nahmen teil und mühten sich über 17 extrem lange Etappen ab. Nur 41 landeten im Klassement, angeführt vom Belgier Lucien Buysse, der am Ziel in Paris einen Vorsprung von mehr als einer Stunde hatte.

Die Fundamente für den Hochleistungssport wurden zu jener Zeit also gleich an mehreren Stellen gelegt. De Coubertin, Hemingway, Frankreich – das waren deshalb tatsächlich sehr brauchbare Stichworte zum besseren Verständnis der Ausgangslage. Die ließen sich nicht einfach als angestaubte Asservate aus dem Fundus der Sportgeschichte abtun. Im Gegenteil. Erst durch solche Filter ließ sich überhaupt nachvollziehen, wie die weltumspannende Faszination für Sport im allgemeinen und den Radsport im speziellen entstanden war. Und mit welchen Leistungsbeweisen sie immer wieder neu angefüttert werden musste, damit sie nicht ihren Reiz verlor. Höher, schneller, weiter – das war auch der Slogan für die ständig steigenden Erwartungen des Publikums.

Der *Tour de France* gelang das. Und sie blieb deshalb über die Jahrzehnte relevant. Trotzdem ist sie in unserer Geschichte nicht viel mehr als eine Kulisse. Etwas, was kaum jemand so ausdrucksstark eingefangen hat wie der Düsseldorfer Fotograf Andreas Gursky, dessen großformatige Arbeiten von Sammlern und Kunstliebhabern weltweit für teures Geld gekauft werden. Und zwar in einer einzigen Aufnahme: In seinem Bild *Tour de France I, 2007* schlängelt sich ein Lindwurm aus Fahrern und Begleitern hinauf nach Alpe d'Huez, vorbei an den mit Campingwagen angereisten Zuschauern. Der Weg führt auf zahllosen Serpentinen durch eine nackte, kahle Hochgebirgslandschaft, aus der jedes andere Leben entwichen scheint. Die Menschen sind so klitzeklein, dass man sie nicht erkennen kann. Nicht mal in der riesigen, rund zwei Meter hohen Version, die hin und wieder in Museen gezeigt wird.

Es ist eine höchst gelungene Visualisierung der gigantischen Dimensionen, in die Hemingways „großartigste Sportveranstaltung auf der Welt" im Laufe der Zeit hineingewachsen ist. Sie deutet an, warum eine solche Veranstaltung einer Typologisierung und Vermarktung der wichtigsten Charaktere und ihrer Persönlichkeitsmerkmale bedarf. Erst mit ihnen lässt sich etwas gegen die überwältigende Anonymität der Teilnehmer und des Trosses ihrer Begleiter setzen. Es genügt für den besonderen Massen-Appeal nicht, dass *La Grande Boucle* Millionen auf die Beine bringt, die erleben wollen, wie mitten im Sommer in der Ferienzeit knapp zweihundert durchtrainierte Athleten mit Energie und Tempo an ihnen vorbeirauschen. So etwas schafft die moderne Giganto-Event-Psychologie auch, die Ereignisse wie den *Burning Man* hervorgebracht hat.

Das Geniale an der *Tour de France* ist, dass sie mehr bietet. Nicht nur kann man aus nächster Nähe das Leiden namenloser Fahrer sehen, die kommen und gehen und jedes Jahr frisch von einem ständig rollenden Förderband abgeworfen werden. Man kann die Spitzenfahrer beinahe berühren und erleben, wie sie kämpfen, strampeln, keuchen, schwitzen.

Diese unmittelbare Erfahrung hautnah am Ereignis nährte eine Phantasievorstellung, die sich zwar erst spät, aber dafür umso massiver in Amerika entwickelte als irgendwo anders auf der Welt. Was de Coubertin noch in Abrede gestellt hatte, ist seitdem längst Teil der Realität. Ist vielleicht sogar so etwas wie seine *raison d'être* geworden. Das Sportereignis *Tour de France* etwa bietet dem, der diese Strapaze siegreich überstand, eine besondere Belohnung. Der kann seinen persönlichen, vermarktbaren Stellenwert auf ein Niveau hochtreiben, das die in den Alpen und Pyrenäen geschafften Höhenmeter erheblich übertrifft. So jemand ist auf dem Weg zur mythenhaften Figur – dank der reflexhaften Reaktionen eines weltweiten Publikums auf die endlosen Fernsehübertragungen und die begleitende Berichterstattung.

So jemand ist auf dem Weg, eine herausragende Person des öffentlichen Lebens zu werden.

Dieser Mensch schien von da an unangreifbar. Er hatte quasi in Drachenblut gebadet wie ein gewisser Siegfried in der *Nibelungen*-Sage, der bekanntlich anschließend nur noch eine einzige, sehr kleine, verwundbare Stelle besaß: ein versehentlich kleben gebliebenes Lindenblatt zwischen den Schulterblättern.

„Lance Armstrong war kein Mensch, er war eine Idee", schrieb Michael Specter 2013 im Magazin *The New Yorker*. „Ein amerikanischer Mythos wie Honest Abe" – eine Anspielung an Präsident Abraham Lincoln – „und Johnny Appleseed" – eine Figur aus den Gründerjahren des Landes. „Er war die kleine Maschine, hart rangenommen von einer Krankheit und dann von Gegnern unbarmherzig attackiert, die weitermachte, den Hass an sich abprallen ließ und über allem stand."

Das Mythenhafte war das Entscheidende. Von dem träumten alle – vor allem die Sponsoren von Teams und die Hersteller von Fahrrädern und Sportbekleidung. Und die übertragenden Fernsehsender.

Jemand wie Lance Armstrong träumte vermutlich auch. Wahrscheinlich von gar nichts anderem.

Aber auch bei ihm, dem scheinbar unbezwingbaren, die Konkurrenz dominierenden Radprofi, gab es eine schwache Stelle. Das waren seine Mitwisser und Mittäter. Die hatten so etwas wie einen Pakt geschlossen, der auch sehr lange hielt, obwohl es früh Menschen gab, die die betrügerischen Machenschaften des Texaners zu beweisen versuchten. Aber das Netzwerk um Lance Armstrong schützte ihn loyal: Es ging schließlich darum, die Doping-Kultur am Laufen zu halten und sie andererseits mit Hilfe eines ganzen Bataillons von Leuten zu verbergen. Denn die Wahrheit war nüchtern und banal und überhaupt nicht mythenhaft.

Wie bei den *Nibelungen* wurde das Geheimnis irgendwann enthüllt. Und so konnte man anschließend einmal mehr erleben, was solchen Figuren passiert, wenn sie ertappt und überführt werden: Je höher der Aufstieg, desto tiefer der Fall. Die Strafe für Armstrong beläuft sich inzwischen nicht nur auf zig Millionen von Dollar an Einnahmeverlusten. Zu ihr gehört auch eine wuchtige Vergeltungsmaßnahme in sozialer Währung. Lance Armstrong lebt – entzaubert, entheiligt, entehrt – wie ein moderner Aussätziger in einem Rest von Reichtum mit seinen zwei Häusern in Austin in Texas und Aspen in Colorado.

Noch 2012 hatte er einem Freund erzählt, er sei rund „100 *milski*" wert. Seitdem hat er mehr als 20 Millionen Dollar in bar als Entschädigungsleistungen bezahlt und sicher mindestens 15 Millionen Dollar an seine Anwälte.

Sein Niedergang hatte übrigens noch weniger mit Frankreich zu tun als der ins Exorbitante aufgeblasene Aufstieg. Auch wenn die ganze Welt teilweise genervt, teilweise fasziniert zuschaute, handelte es sich bei seinem Abstieg um eine rein amerikanische Angelegenheit. Angeschoben von amerikanischen Radprofis, umgesetzt von einer amerikanischen Kontrollorganisation, zugespitzt durch die Entscheidungen amerikanischer Sponsoren und besiegelt durch das amerikanische Rechtswesen. Eine Talfahrt mit dem Rabatz, der für dieses *Batman*- und Bonnie-&-Clyde-Land typisch ist, sobald es um Prominente geht. Ein Land mit mehr als 300 Millionen Einwohnern, in dem es erstaunlich viele Leute wie Lance Armstrong gibt: Menschen, die kein Problem damit haben, um des eigenen Vorteils willen eisern die Grundsätze uralter Moralvorstellungen zu ignorieren. Und die dabei so tun, als besäßen sie die passende Rechtfertigung dazu. Als wären ihre anmaßenden Heilsversprechen nach Abzug aller gesellschaftlicher Kosten irgendetwas wert.

Was treibt diese Menschen an? Sicher zunächst einmal die Aussicht auf Belohnung in Form von Geld und Ruhm. Eine Prämie, die im Erfolgsfall ziemlich hoch ausfällt. Denn der kommerzielle Sport von heute ist ein mit Milliarden gefütterter Wirtschaftszweig, der unter anderem davon lebt, dass sich hunderte von Millionen Menschen in dem naiven Glauben wiegen lassen, dass die handelnden Personen, weil sie alle nach denselben, auf weißem Papier festgehaltenen Regeln angetreten sind, auch nach denselben Regeln handeln. Dass der Wettkampf nicht nur hart, sondern tatsächlich fair ist.

Hemingways Heimatland also – das war der wirkliche Schauplatz für das Drama, das sich entwickelte. Zu diesem Schauspiel gehörte nicht nur, dass man hier eine andere Sprache spricht, sondern auch anders Recht als in Frankreich. Und zwar im Rahmen von juristischen

Auseinandersetzungen, in denen häufig von Testosteron gesteuerte Typen bei Kreuzverhören aufeinandertreffen. Wir kennen das aus Filmen wie *A Few Good Men*, in dem Jack Nicholson und Tom Cruise den aufgeladenen Konflikt wie in einem moralischen Dampfkochtopf solange hochkochen, bis er überläuft.

TOM CRUISE: *„I want the truth.“*

JACK NICHOLSON: *„You can't handle the truth.“*

Die Wahrheit lässt sich demnach in amerikanischen Gerichtssälen erst durch eine beharrliche Bereitschaft zur offenen Konfrontation herausarbeiten. Weil es letztlich weniger um die Sache geht, sondern um etwas anderes: ums Gewinnen. Die Hintergrundgeschichte – im Film zum Beispiel das Thema Befehl und Gehorsam im Militär – ist für das eigentliche Drama nicht mehr als eine Folie. Die Hauptattraktion ist ein Duell, ausgetragen mit den Waffen der Psychologie. Mal mehr, mal weniger subtil.

Im Fall von Lance Armstrong bot der Radsport diese Folie – mit seiner Athletik, Technik und Taktik sowie der regelwidrigen Leistungsmanipulation. Das Wesentliche der Auseinandersetzung wurde jedoch von großen Themen bestimmt. Von der Wahrheit und von der Hybris eines Radprofis, der sich in seiner Heldenrolle allzu komfortabel eingerichtet hatte.

Manches hatte er ganz arrogant selbst aufgeworfen. Anderes wurde auf ihn projiziert, weil das sehr einfach funktionierte. Wie etwa beim existenziellen, mythenträchtigen Thema Krebs, zu dem die amerikanische Öffentlichkeit ein befremdliches Verhältnis hat. Man hat ein Klischee kreiert, wonach ein Erkrankter sich nicht bloß in ärztliche Behandlung begibt. Für ihn beginnt in diesem Augenblick eine regelrechte Schlacht – genannt *battle with cancer*.

Niemand käme auf die Idee, von jemandem zu behaupten, der an Hepatitis, Tuberkulose oder Cholera leidet, er habe sich auf einen Kampf mit seinem eigenen Körper eingelassen. Die Feinde, die es zu bekämpfen gilt, sind Eindringlinge. Sind Bakterien oder Viren. Krebspatienten führen hingegen angeblich Krieg mit einem unberechenbaren, unheilvollen, anderen Ich.

In diesem Kampf scheint so gut wie alles eine Frage des Willens und der Energie zu sein. Was in der Schlussfolgerung bedeutet, dass all diejenigen, die trotz größter Anstrengungen an Krebs sterben – Millionen von unglückseligen Kreaturen – sich angeblich nicht aggressiv genug gegen die Krankheit und gegen die fehlgeschalteten Zellen gestemmt haben.

Ihr Tod, so steht es verklausuliert in vielen Traueranzeigen, war irgendwie von ihnen mitverschuldet und Bestätigung für ihr Schwachsein. Sie hatten in diesem Land, in dem Gewinnen alles ist und alles andere nichts, „die Schlacht gegen den Krebs verloren". Kaum jemand schien zu erkennen, dass Betroffene auf diese Weise und durch diesen Pseudo-Heroismus zusätzlich zu ihrer Krankheit noch mit Schuldgefühlen und Versagensängsten belastet wurden.

Um so besser jedoch für Lance Armstrong, der mit jeder Faser seines Körpers danach strebte, sich als selbstbewusster, aggressiver Kämpfer zu präsentieren und dies selbst unter schwierigsten Umständen tatsächlich fertigbrachte.

LANCE ARMSTRONG: „On Wednesday, October 2nd, I was diagnosed with testicular cancer. The cat scan revealed that my condition has spread into my abdomen. For now, I must focus on my treatment. However, I would all of you to know that I intend to beat this disease and, further, that I intend to ride again as a professional cyclist."

Natürlich wirkte Armstrong angeschlagen, als er die Diagnose Hodenkrebs erhielt, aber auch entschlossen und zielbewusst. Er werde die Krankheit besiegen, versicherte er in einer öffentlichen Erklärung. In seinem Fall wurde die Ankündigung tatsächlich wahr. Es dauerte zwar Monate und nahm ihn körperlich extrem mit. Aber am Ende wurde er wieder gesund und verließ das vermeintliche Schlachtfeld als das, was er schon immer gewesen sein wollte. Als Sieger. Es war – lange vor den viel beachteten, sportlichen Erfolgen in Frankreich – der erste Schritt auf dem Weg zu einer Figur, die wie kein anderer in den letzten Jahrzehnten den Glauben an einen asketischen, willensstarken Gladiatorenethos propagieren konnte. Um damit zunächst einmal Millionen von Krebskranken genau das vorzuspielen, was sie in ihrer existenziellen Not sehr gerne glauben wollten. Auch wenn es sich um falsche Hoffnungen handelte.

Es las sich in seiner Autobiographie *It's Not About the Bike* (deutscher Titel *Tour des Lebens*) alles sehr aufmunternd und vielversprechend: „Ich wollte dem Krebs ‚die Beine ausreißen‘, so wie ich den anderen Tour-Fahrern die Beine ausgerissen hatte… ‚Der Krebs hat den Falschen erwischt‘, sagte ich stolz zu Kevin Livingston [einem Freund und Mannschaftskollegen]. ‚Er hat nach einem Körper gesucht, in dem er sich häuslich einrichten kann und ist leider an meinen geraten. Das war ein Fehler. Ein sehr großer Fehler.“

„Die Wucht des Schicksals traf auf einen kampfbereiten Gegner“, schrieb Michael Reinsch in der *Frankfurter Allgemeinen Zeitung*, als das Buch auf Deutsch erschien. Armstrong war nach der überwundenen Erkrankung in der Lage, sich so zu inszenieren wie noch kein Sportler vor ihm: „In erster Linie nämlich verstand sich Armstrong als Überlebender, nicht als Athlet.“

Wer wusste schon und wer wollte überhaupt wissen, dass Armstrongs Krankheitsbild statistisch gesehen eine der höchsten Überlebenschancen von allen Krebsfällen hatte? Sie liegt bei 99 Prozent, solange sich die Zellen noch nicht in anderen Teilen des Körpers ausgebreitet haben. Und selbst danach darf man noch ausgesprochen optimistisch sein. Es kam bei Hodenkrebs vor allem darauf an, gute Ärzte zu haben, die mit Skalpell und Chemotherapie umgehen konnten.

Halten wir also fest: Lance Armstrong hatte nicht härter gekämpft als Millionen von Krebskranken in der Therapiemühle der modernen Medizin. Er hatte einfach nur die bestmögliche Version einer Krankheit erwischt, die in so vielen anderen Varianten unheilbar schien. Er hatte einfach verdammt viel Glück gehabt.

Aber wen interessierten solche Abstufungen? Die Auferstehung von den Fasttoten war schließlich die viel bessere Geschichte und ein reizvoller Ausgangspunkt für den ganzen Rest der Armstrong-Anstrengungen. Eine Geschichte, die sich hervorragend mit nationalem Pathos und irrationalem Müll anreichern ließ. Armstrong selbst gehörte zu den unverfrorenen Propagandisten dieses Anreicherungsprozesses. Wie schrieb er in seiner Autobiographie? Der Sinn seines Lebens war nicht mehr Radrennfahrer zu sein, sondern „ein Mensch, der den Krebs überlebt hatte. Und das war eine neue Rolle."

Dagegen etwas Plausibles zu setzen, das ihn und seine angemaßte Sonderrolle als leeres Marketinggerede entlarven würde, war schwierig. Vom ersten Verdacht bis zum späten, in wichtigen Teilen unvollständigen Geständnis im Januar 2013 entstand zwar ein süchtig machender, in Fortsetzungsepisoden gezwirbelter Erzählstrang nach Art von Fernsehserien, *Cliffhanger* inklusive. Aber der war so komplex, dass er irgendwann nur noch mühsam zu entwirren war. Und zwar auch deshalb, weil im Armstrong-Orbit sehr viele handelnde Personen und Entscheidungsträger mitwirkten.

Auf welche Weise trug ihr Verhalten und ihr Versagen zum Ganzen bei? Dieses Buch soll zu dieser Frage Informationen und Antworten liefern. Und zwar so viele wie möglich.

Unter den Mitwissern und Mittätern befanden sich Typen wie sie in Filmen und in Romanen vorkommen. Nur hatten die meisten alle Kontemplation verlernt. Anders zum Beispiel als das, was der Schriftsteller Cormac McCarthy, zumindest literarisch so etwas wie der Hemingway unserer Zeit, in seinen Romanen schilderte. Ich finde einen Gedanken aus einem seiner Bücher besonders illustrativ: dass in diesem ruppigen, von ungebremstem Narzissmus angetriebenen Land jeder auf sich alleine gestellt war. Nicht mal der sakrale Überbau funktionierte.

ED TOM BELL: „I always figured when I got older, God would sorta come into my life somehow. He didn't."

„Ich habe immer gedacht, wenn ich älter bin, käme Gott irgendwie in mein Leben. Hat er nicht gemacht."

Der müde, lakonische Sheriff aus *No Country for Old Men* – in der Kinoversion gespielt von Tommy Lee Jones – hatte resignierend akzeptiert, dass sich Gott in *God's Own Country* weder blicken lässt noch einmischt. Allerdings, so fügte Sheriff Ed Tom Bell hinzu, gäbe er Gott dafür nicht die Schuld. „An seiner Stelle hätte ich dieselbe Meinung, die er von mir hat."

Ein verstörter Nihilismus kam da zum Ausdruck, als sei der das letzte brauchbare Mittel im Widerstand gegen die dreckige, aber oft erfolgreiche Vorgehensweise von kaltblütigen Berufsverbrechern.

Auf mich wirkte dieser fiktive Sheriff deshalb wie ein Archetyp, in dessen Gemütslage ich irgendwann meinen eigenen, nihilistischen

Fixstern für die Armstrong-Geschichte entdeckte. So viele in diesem Plot waren nicht bloß Amerikaner. Sie waren Texaner wie Sheriff Bell. Infiziert vom Mythos des Machbaren, wie ihn Cowboys kennen und leben. Texaner wie der aalglatte Lance Armstrong. Und solche wie Jeff Tillotson, der Anwalt, geboren in San Antonio, Nachfahre eines Mannes, der im 19. Jahrhundert die Unabhängigkeitserklärung mitunterzeichnet hatte, mit der sich Texas von Mexiko lossagte. Und der fast so klang wie Tommy Lee Jones im Film – scheinbar teilnahmslos, behäbig, texanisch eben – der auf seine Weise das gottlose Treiben eines Kriminellen zu beenden versuchte.

Die Aufzeichnungen dokumentieren mit ihrer fixen, ausschließlich auf Armstrong gerichteten Kameraeinstellung keine Hollywood-Spannung. Alles wirkt undramatisch und flach. Ob die Eidesformel am Anfang, mit der der Zeuge das Versprechen abgibt, die Wahrheit zu sagen, „die ganze Wahrheit und nichts als die Wahrheit". Oder auch der Moment, in dem Tillotson dies sicherheitshalber noch einmal bekräftigen lässt. Er fragte Armstrong, ob ihm bewusst sei, dass er im Falle eines Meineides vor Gericht gestellt werden könnte. „Selbstverständlich", sagte Lance Armstrong. Er wusste also, dass er im Gefängnis landen konnte, wenn man ihn erwischt. Aber er log trotzdem.

JEFF TILLOTSON: „You understand that although we're in the conference room of your lawyers, you are giving testimony as if you are in a court of law. Do you understand that?"

LANCE ARMSTRONG: „Correct."

JEFF TILLOTSON: „And that penalties of perjury attach to this deposition just like they would to a court of law proceeding."

LANCE ARMSTRONG: „Of course."

Jeff Tillotson war aus Dallas angereist, wo man ihn oft in Streitfällen bucht, in denen es um viel Geld geht. Ein Anwalt, der Fragen auf eine Weise stellt, aus denen sich seine innere Verfassung und Wachheit nicht sehr gut ablesen lässt.

JEFF TILLOTSON: „Why don't you give me the definition of what you're using when you say you've never taken any performance-enhancing substances? What would that include?"

LANCE ARMSTRONG: „It would include anything on the banned list."

JEFF TILLOTSON: „For example, would that include that you've never used your own blood for doping purposes, for example?"

LANCE ARMSTRONG: „Absol... that would be banned."

Für Zeugeneinvernahmen hatte Tillotson diese Methode über Jahre kultiviert. Er versuchte, mit seinem Auftreten und der Melodie seiner Stimme die Menschen zu beruhigen, anstatt sie mit aggressiven Fragen aufzuschrecken oder nervös zu machen. Diese Methode lebt von Feingefühl und einer biederen Beharrlichkeit. Was gute Ergebnisse produzieren dürfte, wenn er Zeugen vor sich hat, die nur darauf warten, ihr gesamtes Wissen abzuladen und sich zu erleichtern.

JEFF TILLOTSON: „Okay. I'm not trying to agitate you. I am just trying to make that your testimony is clear."

LANCE ARMSTRONG: „Okay."

JEFF TILLOTSON: „I understand that you find allegations regarding that to be agitating. But I am asking you questions. I am not trying to insult you."

LANCE ARMSTRONG: „Okay."

Die Methode mochte woanders funktionieren. Am Zeugen Lance Armstrong perlte sie ab.

Der saß da, in einem blauen Oberhemd, mit einem verkniffenen Gesicht, schob das Kinn vor, machte auf geduckte Vorsicht, auf angewidert und passiv-aggressiv und phasenweise auf beleidigt. Sein Verhalten: antrainiert und darauf ausgerichtet, dem Gegenüber keine Blöße zu geben. Wozu gehörte, sich so vergesslich und schlecht informiert wie möglich zu geben.

Als sei seine Rolle da draußen in der Welt nicht die des großen Zampano, der noch wenige Monate zuvor den siebten *Tour-de-France*-Sieg in Folge errungen hatte. Sondern als sei er, der berühmteste Radfahrer der Welt, ein unbedeutender Betrachter des Universums, in dem er lebt. Und sei – was diesen Fall anging – das Opfer eines Unrechts. Worüber er sich gegen Ende der Befragung ausdrücklich beschwerte.

LANCE ARMSTRONG: „...*that's the tone of this entire case, the speculation and innuendo and rumor and second and third and fourth hand information.*"

Tillotson habe doch nur Spekulationen und Unterstellungen, Gerüchte und Informationen aus zweiter, dritter und ja, sogar vierter Hand anzubieten.

Das zähe Hin und Her dauerte mehr als drei Stunden. Von genau 10:09 Uhr bis 13:44 Uhr, wie später im Protokoll vermerkt wurde.

Lance Armstrong war intelligent genug, um zu wissen, was ein Eid bedeutet. Und er kannte die ganze Wahrheit. Aber er zog es vor, sie an diesem Tag auf dieselbe Weise zu verleugnen, so wie er das schon immer getan hatte. Abstreiten war für ihn zum perfekten Schaltmodus geworden – mit der passenden Übersetzung aus geistigen Zahnkränzen und Kettenblättern für jedes Tempo, jeden Gegenwind und jeden noch so schweren Anstieg. Nur manchmal drehte er auf.

LANCE ARMSTRONG: „*How could that have happened?*"

JEFF TILLOTSON: „*That was my point. It is not simply that you don't recall?*"

LANCE ARMSTRONG: „*How many times do I have to say it?*"

JEFF TILLOTSON: „I am just trying to make sure your testimony is clear."

LANCE ARMSTRONG: „If it can't be any clearer that I have never taken drugs, then incidences like that could have never happened…"

JEFF TILLOTSON: „…okay…"

LANCE ARMSTRONG: „…how clear is that?"

Zu diesem Termin im November 2005 gab es natürlich eine Vorgeschichte. Sie war vielfaserig, um nicht zu sagen: unübersichtlich.

Denn ohne Zweifel war Lance Armstrong in diesem Gefüge einerseits die Achse, um die sich alles drehte. Aber er war andererseits auch der Kopf des Syndikats, dessen Tentakeln auf einer damals im Internet kursierenden Matrix eine ganze Doppelseite mit Namen, Zuständigkeiten und Verknüpfungen füllte. Und er war so etwas wie der Schmierstoff für das Geschehen. Oder besser gesagt, das von ihm verdiente Geld, das die Entourage finanzierte und motivierte. Um ihn herum schwirrten viele mit dem Geist des Dienstpersonals, das alles tat, um den Fluss der profitablen Aktivitäten zu steigern oder wenigstens nicht zu stören.

Das funktionierte prächtig. Und zwar auch deshalb, weil in der zweiten Hälfte des letzten Jahrhunderts eine von den Medien betriebene Form der Heldenverehrung entstanden war, die erfolgreichen Sportlern entgegengebracht wurde, die mit einer dicken, fetten Aura herumliefen. Es waren diese Sportler, die sukzessive jenen Platz in der Gesellschaft übernommen hatten, den in der Mitte des letzten Jahrhunderts hauptsächlich Filmstars und danach eine Weile lang Popmusiker inne gehabt hatten. Sport – einst gerne als herrlichste Nebensache der Welt bezeichnet – war dank immer intensiver ausgestalteter Live-Übertragungen im Fernsehen und einer wachsenden Wahrnehmung der Hauptfiguren in den Medien seiner Nische entkommen und allgegenwärtig geworden.

Unkritisches Anhimmeln von Erfolg und Geld und geistloser Körperlichkeit, das passierte sowohl in populären Mannschaftswettbewerben wie Fußball oder Basketball als auch in Einzelsportarten wie Tennis und Golf. Und schließlich auch im Radsport, der eine Mischung aus beiden bietet. Seine Schlüsselfiguren boten individuell, aber auch kollektiv den passenden Stoff und den passenden Zuschnitt, um als immer wieder neu aufgeladene Inspirationsquelle zu dienen – und zwar für alles, was man besonders in Amerika gerne als „eine unangemessene Kultivierung des Willens auf Kosten der Sinne und des Intellekts" zelebriert. Diese Erkenntnis hatte der britische Philosoph Bertrand Russell in seinem Buch *Eroberung des Glücks* formuliert, noch ehe sich diese Entwicklung allmählich auch im Rest der Welt auszubreiten begann.

Armstrong war ein Ausbund an Willenskraft. Und es ging ihm durchweg um so etwas wie Wahrheit. Dabei handelte es sich natürlich um eine alternative Wahrheit: um seine eigene. Die war simpel und schnöde zugleich. Die ermöglichte ihm, sich permanent im Recht zu fühlen. Es war das Recht des Stärkeren und Erfolgreicheren, der zum Beispiel wusste, dass er nur die wichtigsten Rennen gewinnen musste, um den Anspruch auf alle Karmapunkte zu erheben. Und deshalb auch auf die fünf Millionen Dollar, die er und die Managementfirma seines Rennstalls namens *Tailwind* von Jeff Tillotsons Mandanten ausgezahlt haben wollten.

Es ging um eine ganz beachtliche Bonuszahlung, Jahre zuvor zwischen den beiden Seiten, zwischen *Tailwind* und *SCA Promotions*, einer Spezialversicherung für Sportveranstalter, für den ziemlich unwahrscheinlichen Fall vereinbart, dass Armstrong 2002, 2003 und

2004 die *Tour de France* gewinnen würde, also ein viertes, fünftes und sechstes Mal in Folge. Ein Vertrag, für den *Tailwind* happige 420.000 Dollar als Risikoprämie aufgebracht hatte und für den man nach dem Erfolg von 2002 1,5 Millionen Dollar erhielt, nach dem Sieg 2003 weitere 3 Millionen Dollar. Eine Abmachung, aufgrund der 2004 im Fall des Erfolgs zusätzliche 5 Millionen Dollar zu bezahlen waren.

Man hatte 420.000 Dollar eingesetzt, um eine Ausschüttung von 9,5 Millionen zu erzielen und vor Beginn des Rechtsstreits bereits das Zehnfache dieses Einsatzes eingespielt.

Woran man schon erkennen kann, wie sicher sich Armstrong und seine Mitstreiter fühlten, was die Gewinnchancen anging. Wer gibt schon das Geld für umgerechnet 20.000 komplett in allen zwölf Feldern ausgefüllten Lottoscheinen plus *Spiel 77* aus, um das Zweiundzwanzigfache seines Einsatzes zu gewinnen? Wahrscheinlich nur jemand, der wusste, wie schlecht die Chancen beim Lotto sind und wie gut, wenn man das System zu seinen Gunsten manipulieren kann.

Die ersten beiden Bonuszahlungen über insgesamt 4,5 Millionen Dollar hatte *SCA Promotions* übrigens ausgezahlt. Erst 2004 regte sich Widerstand angesichts der durch den irischen Journalisten David Walsh in einem Buch zusammengetragenen Hinweise auf die Doping-Praktiken im *US Postal Service* Team.

Aber ging es Lance Armstrong wirklich nur um Geld? Was waren die fünf noch ausstehenden Millionen gegen die mehr als 218 Millionen Dollar, die Armstrong nach einer 2013 aufgestellten Schätzung des Wirtschaftsinformationsdienstes *Bloomberg News* im Laufe seiner aktiven Zeit insgesamt eingespielt hatte? Was waren Bonuszahlungen auf die Siegesprämien von den Rennen, wenn die Haupteinnahmequelle ohnehin persönliche Werbeverträge mit bekannten Unternehmen war? Und Gagen für bestens bezahlte Auftritte, bei denen er Vorträge hielt?

Das Geld konnte demnach nicht das entscheidende Anliegen sein. Es ging Lance Armstrong wohl hauptsächlich darum, so wirksam wie möglich den gegen ihn aufgekommenen Verdacht zu bekämpfen und ihn als Intrige zu brandmarken und darum, ein Signal an seine Mitstreiter zu senden. Er war bereit, sich gegen die Kaskade etwaiger Konsequenzen zu stemmen, die mit einer wahrheitsgemäßen Aussage automatisch ausgelöst worden wäre. Also sollten, bittesehr, auch alle anderen, die von diesem Netzwerk profitierten, standhaft bleiben. Denn die Wahrheit hätte nicht nur ihn, sondern auch die anderen Figuren in dieser Matrix in einen Strudel mitgerissen und weggespült.

Die Eckdaten des Rechtsstreits sahen folgendermaßen aus: *SCA Promotions* hatte nach der *Tour de France* 2004 aufgrund wachsenden Argwohns die zugesicherten Millionen einfach zurückgehalten und unter Bezug auf die konkreten Doping-Indizien präzise Auskünfte verlangt. Man forderte zum Beispiel Einsicht in Armstrongs Doping-Testergebnisse und in seine ärztlichen Unterlagen. Bob Hamman, der Inhaber von *SCA*, in einem Interview mit dem britischen Fernsehsender *Channel 4*:

BOB HAMMAN: *„We advised Tailwind Sports that we had to further investigate the claim. The arbitration ensued."*

Hamman ist ein ungewöhnlicher Widersacher – besonnen, selbstbewusst, unauffällig, egal um welche Auseinandersetzung es gehen mag. Das Bemerkenswerteste: dass er – rein sportlich betrachtet – Armstrong in Fragen des Willens und des Ehrgeizes um nichts nachsteht. Er gehört nicht von ungefähr zu den Allerbesten in einem der anspruchsvollsten Kartenspiele der Welt.

31

Das Spiel heißt Bridge. Ein Wettbewerb für Leute, die sich darin geschult haben, wie man in jeder Partie die Chancen auf den Sieg mit Hilfe von Wahrscheinlichkeitskalkulationen auslotet. Es ist eines der „vier großartigen Psychospiele", wie Bob Hamman mal gesagt hat. Die anderen drei? Schach, Backgammon und Poker.

An Schach hatte er sich zuerst versucht. Bis er begriff, dass schon ein kleiner Unterschied im Können der beiden Kontrahenten einen großen Unterschied für den Verlauf einer Partie bedeutet: „Du musst entweder besser werden oder hörst besser auf", lautete sein Fazit.

Also machte er Schluss.

Als er anschließend Poker ausprobierte, empfand er es als zu wenig Kartenspiel und zu viel Mentalprogramm. Backgammon war für seinen Geschmack zu viel Mathematik. Also widmete er sich Bridge und wurde Weltmeister. Nicht einmal, sondern ein Dutzendmal.

Dieser Schiedsgerichtsprozess zwischen Armstrong und Hamman hatte deshalb etwas von einer Kollision zwischen zwei Champions. Von denen hatte der eine nach der Lektüre des Buchs *L.A. Confidentiel* von David Walsh und Pierre Ballester kapiert, was der andere für ein Spiel spielte. Die Konfrontation gebar ein Schlachtfeld, auf dem sich zwei kleine, gefechtsbereite Armeen formierten. Eine Konstellation, die es heute – nach all den Jahren – leichter macht, diese ganze verzweigte Geschichte überhaupt zu erzählen.

Es war gleichzeitig ein Stellvertreterkrieg. In dem – das war Bob Hamman klar – traf er auf mehrere Gegner, darunter die Verantwortlichen der *Tour de France* und die Funktionäre vom internationalen Radsportverband in der Schweiz. Die hatten Armstrong in sieben Rennen in Folge – von 1999 bis 2005 – offiziell zum Sieger erklärt. Es war demnach an Hamman, einem Outsider, Armstrongs Geschäftsmodell ein Ende zu bereiten. Ein Modell, das auf einer Endlosschleife von Unschuldsbeteuerungen beruhte und auf der Fähigkeit des Radprofis, die gesamte Welt auszumanövrieren.

Hammans Anwalt Jeff Tillotson tat, was er konnte, und nutzte die Gelegenheit, insgesamt zwölf Zeugen unter Eid zu befragen. Darunter auch: David Walsh, der irische Journalist und Buchautor, der dreifache *Tour-de-France*-Gewinner Greg LeMond, die Masseuse Emma O'Reilly und sein Mandant Bob Hamman.

Theoretisch war das ein solider Ansatz. Denn die Wahrheit, das alltägliche, manipulative Doping, lag direkt unter der Oberfläche des aufpolierten Scheins, nicht tief unter Tage wie die Kohle in einem Bergwerk. Die Wahrheit war stichhaltig, durchschlagend und eindeutig. Nur gab es da dieses eine, kleine Problem, das Juristen gut kennen: Die Wahrheit – sie musste hinlänglich bewiesen werden. Und sei es durch eine Kette von triftigen Indizien, wenn der Betroffene alles einfach abstritt. Solange dies jedoch nicht gelang, galt der Grundsatz *in dubio pro reo:* im Zweifel für den Angeklagten.

Im Kinofilm *The Program*, in dem Bob Hamman von Dustin Hoffman gespielt wird, wird das Problem in einem Dialog kurz angerissen:

DUSTIN HOFFMAN als BOB HAMMAN: „And then we hear about this journalist making unwelcome inquiries. And it turns out that perhaps all is not what it seems, you see. If he's cheating in the races then he's cheating on us, as well."

„Wenn er bei den Rennen betrügt, dann betrügt er uns auch."

Ja, wenn das bewiesen werden konnte, dann...

Wieso hatte *SCA Promotions* trotz aller Anstrengungen in diesem Verfahren einen schweren Stand? Weil der Plan taktische Schwächen hatte, als man damit begann, Armstrong mit den Aussagen von Zeugen in die Enge zu treiben. Als man ihn in Widersprüche zu verwickeln und zu einem Geständnis zu bewegen versuchte.

Denn weder Hamman noch sein Anwalt schienen geistig ernsthaft darauf vorbereitet, dass Lance Armstrong tatsächlich einfach lügt und das unter Eid konsequent durchzieht. Dass er, der Betrüger, in einer Analogie zum Bridge nicht nur gegen die Regeln des Radrennsports verstößt, sondern auch noch die der gesellschaftlichen Schutzmechanismen gegen Betrug. Dass er auch vor Gericht mit gezinkten Karten spielen würde. Und dass er riskieren würde, dafür im Gefängnis zu landen.

So scheiterte wenige Wochen nach der Vernehmung von Armstrong in Austin Anfang 2006 der erste, gut gemeinte und ausgiebig vorbereitete Versuch, den Doping-Betrüger und sein ganzes Netzwerk mit den Mitteln des amerikanischen Rechtswesens in die Knie zu zwingen. Denn es mangelte *SCA Promotions* an etwas, was man im Land der Cowboys in einem sehr griffigen Sprachbild als *smoking gun* bezeichnet – dem sprichwörtlich am Tatort zurückgelassenen, rauchenden Colt, aus dem kurz zuvor das tödliche Projektil abgefeuert worden war.

Es fehlte das, was Jahre später Tyler Hamilton und Floyd Landis eingestanden und was sich danach nicht mehr einfach wegschieben ließ. Es fehlten die Aussagen von Zeugen, die selbst gesehen hatten und beschwören konnten, dass sich der hundertfach getestete Lance Armstrong, der angeblich nie bei einem Test unangenehm aufgefallen war, gedopt hatte.

Bis zu diesen Enthüllungen zweier ehemaliger Teamgefährten war es für Armstrong relativ einfach gewesen, jeden noch so stichhaltigen Verdacht als unbegründet oder sogar als niederträchtig abzuschmettern und die Motive all jener zu diskreditieren, die die Indizien zusammentrugen. Er benutzte jede Attacke gegen sich als Munition für seine eigenen Kanonen. Um so hart wie möglich zurückzuschießen.

Weshalb er im Schiedsgerichtsverfahren gegen *SCA Promotions* auch die Chance sah, mehr als nur seine Forderung nach Geld durchzusetzen. Er erkannte, dass er auf diesem Weg wichtige Zeugen für alle Zeiten einschüchtern und zum Schweigen bringen konnte. Dies war zwar nur ein immaterieller Ertrag, aber einer, der weit wertvoller war als die Ausschüttung der Millionen. Solange es Menschen gab, die sich einfach nicht trauten, das zu verraten, was sie wussten, war es ihm möglich, die geschickt inszenierte Legende zu bewahren, die aus ihm, dem Jungen aus einfachen Verhältnissen, einen Helden der amerikanischen Gesellschaft gemacht hatte. Jemand, der Präsidenten wie Bill Clinton und George W. Bush zu seinen Sympathisanten zählen konnte. Und der beim Besuch im Weißen Haus im August 2001 auf eine Weise begrüßt wurde, die seinen Status als Identifikationsfigur schon früh per offiziellem Diktum bestätigt bekam. Der Texaner Bush verband mit dem Texaner Armstrong solche Begriffe wie Charakter und Klasse.

GEORGE W. BUSH: „Lance's story from a cancer diagnosis to a third straight victory in the Tour de France is one of the great human stories. It is a story of character. And it is a story of class."

Ein Mann, der auf dem Höhepunkt seiner Karriere sogar mit einem richtigen Rockstar liiert war. Ihr Name: Sheryl Crow.

Im Nachhinein lieferten die Protokolle aus dem *SCA*-Verfahren Einblicke in alle möglichen Facetten der Armstrong-Inszenierung. In seiner eigenen Vernehmung war es die Art und Weise, wie er keinen Zentimeter nachgab. Wie er standhaft alle Belege für sein Treiben als Erfindungen von Leuten abtat, die irgendwelche Animositäten gegen ihn entwickelt hatten.

Er argumentierte so wie immer. Er sei hundertfach getestet worden, und keine einzige Urinprobe hätte je den Missbrauch irgendeiner Substanz nachgewiesen. Für andere Fragen hatte er klassische Standard-formulierungen bereit: *„I don't recall."* Oder: *„Not to my knowledge."* Oder: *„I have no idea."*

„Ich erinnere mich nicht." „Nicht, dass ich wüsste." „Davon habe ich keinen blassen Schimmer."

Es half Jeff Tillotson nicht einmal, dass im August 2005 bekannt geworden war, welche Resultate die anonym durchgeführten und später von einem französischen Reporter entschlüsselten EPO-Nachtests von der *Tour de France* 1999 ergeben hatten. Man hatte im Labor mehrere B-Proben von Armstrong aufgetaut, ihn überführt und identifiziert. Sein Dementi garnierte er mit gespieltem Zorn:

LANCE ARMSTRONG: „I can only believe that they either are not mine, or have been manipulated. Because when I pissed in the bottle, as I told you earlier, having never taken performance-enhancing drugs, when I pissed in the bottle there was not EPO in that piss or urine."

„Ich kann nur annehmen, dass die Proben nicht meine sind oder manipuliert wurden. Denn, als ich in die Flasche gepisst habe, war kein EPO in dem Urin. Ich habe noch nie leistungssteigernde Mittel genommen."

Es war von weit hergeholt und stand im Widerspruch zum Stand der Wissenschaft, aber es gelang Armstrong trotzdem, mit seinen Feststellungen die seriöse Laborarbeit ins Zwielicht zu rücken und sie als Teil einer Hexenjagd zu bezeichnen. Egal ob Leute wie Richard Pound, Gründungspräsident der Welt-Anti-Doping-Agentur *WADA*, das französische Sportministerium oder die Organisatoren der *Tour de France* – alle, die ihn mit der Wahrheit konfrontierten, hatten angeblich fragwürdige Motive.

Armstrong gegen den Rest der Welt – es war das Modell einer Auseinandersetzung, bei der ihm solange alle Sympathien entgegengebracht wurden, wie er nicht hieb- und stichfest überführt werden konnte.

Um dies durchzuhalten, brauchte man allerdings viele nützliche Adjutanten. Im EPO-Fall mit den Proben von 1999 wäre das theoretisch die französische Justiz gewesen, um mit deren Hilfe gegen *L'Equipe* vorzugehen, die die Befunde veröffentlicht hatte. Denn wären die Recherchenergebnisse der Zeitung falsch gewesen, hätte eine Klage wegen übler Nachrede große Chancen auf Erfolg gehabt. Darauf verzichtete Lance Armstrong mit der fadenscheinigen Begründung, er habe sich nach der Tour von 2005 in den Ruhestand verabschiedet.

Aber er hatte schon wenige Tage, nachdem die Nachricht um die Welt ging, eine weitere, fein gedrechselte Begründung zur Hand und präsentierte sie in der Fernsehsendung *Larry King Live* auf *CNN*.

LARRY KING: „Why not, as Bob says, sue them all?"

LANCE AMSTRONG: „You know, lawsuits are two things. They are very costly and they are very time consuming. Fortunately cycling has been great to me. And I have the money and the resources to do something like that. But…."

BOB COSTA: „…you've done it before. You have civil cases pending. You've been litigious before, when you felt it was justified."

LANCE ARMSTRONG: „Yeah. And you now what? At the day, when you sue somebody, it just keeps a bad story alive forever. It gives them the opportunity to say, ,oh, we found this, oh, we did that.' It gives them more credit than they deserve."

Weil parallel das Schadenersatzverfahren gegen *SCA Promotions* hinter verschlossenen Türen und unter Ausschluss der Öffentlichkeit lief, konnte Armstrong so tun, als seien Prozesse um seinen Ruf als unbescholtener Radfahrer im Grunde nur herausgeworfenes Geld. Jemanden zu verklagen, sei teuer und zeitaufwändig und sorge dafür, dass eine Sache „ewig am Leben bleibt". Als der zweite Interviewer Bob Costa nachfragte, gab Armstrong ein interessantes Scheinargument zum Besten: Eine derartige Initiative gäbe der anderen Seite doch nur die Gelegenheit zu sagen: „O, wir haben dies gefunden, wir haben das getan." Auf diese Weise erhielte jemand „mehr Glaubwürdigkeit, als er verdient".

Seinen amerikanischen Anhängern genügte das. Sie sahen einfach nur, wie selbstbewusst und forsch Armstrong auftrat, und erkannten nicht, dass es sich um einen taktischen Rückzug handelte. Um das verkappte Eingeständnis einer Niederlage.

Hilfe kam dann auch noch – diesmal aus Europa. Genauer vom holländischen Rechtsanwalt Emile Vrijman, bei dem der internationale Radsportverband ein Gutachten zum Verdachtskomplex in Auftrag gegeben hatte. Vrijman war laut *Wheelmen: Lance Armstrong, the Tour de France, and the Greatest Sports Conspiracy Ever*, dem Buch der beiden *Wall-Street-Journal*-Journalisten Reed Albergotti und Vanessa O'Connell, ein Freund des *UCI*-Ehrenpräsidenten Hein Verbruggen. Jenes Mannes, den Lance Armstrong Ende 2013 zehn Monate nach seinem Fernsehgeständnis in einem Gespräch mit der Londoner *Daily Mail* als aktiven Mittäter bei der Vertuschung des Kortison-Befunds von 1999 benannte: „Das Hauptproblem war, der Sport hing am Tropf. Und Hein hat gesagt: ‚Das ist ein echtes Problem für mich. Das ist ein KO-Schlag für unseren Sport – ein Jahr nach *Festina*. Wir müssen uns irgendetwas einfallen lassen.' Also haben wir das Rezept zurückdatiert."

Vrijman konzentrierte sich bei seiner Untersuchung ausschließlich auf die Labor-Abläufe, also darauf, wie Armstrongs Urin aufbewahrt und erneut getestet worden war und wie die Resultate an die Öffentlichkeit gekommen waren. Um den Kernverdacht eines Doping-Nachweises ging es gar nicht. Nicht überraschend, dass später bekannt wurde, dass Armstrongs Leute vor der Fertigstellung redaktionell an Vrijmans Report Hand anlegen konnten.

Der Vorgang gehörte zu den Dingen, die viele Menschen ratlos machten. Auch Bob Hamman gehörte zu diesem Kreis und gab noch vor Publikation des EPO-Reports Anfang 2006 nach der Vernehmung von Lance Armstrong in Austin seinen Kampf auf, anstatt auf eine Entscheidung des dreiköpfigen Schiedsgerichts in seinem Sinne zu spekulieren. Er zahlte *Tailwind* und damit Armstrong im Rahmen einer gütlichen Einigung 7,5 Millionen Dollar, also 2,5 Millionen mehr als ursprünglich ausgemacht, und kalkulierte, dass dies besser sei, als womöglich am Ende noch mehr Geld zu verlieren. Eine Niederlage vor dem Schiedsgericht hätte eine Strafzahlung bis zum Dreifachen des geforderten Betrags nach sich ziehen können. Eine amerikanische Spezialität im Schadenersatzrecht.

Hamman hatte sich gezwungen gesehen, in seinem Kopf wie beim Bridge die Wahrscheinlichkeitsmodalitäten neu zu ermitteln. Und er beschloss, ein derartiges Risiko nicht einzugehen. Davon abgesehen konnte er damit leben, dass sich sein Widersacher brüstete und einmal mehr die Wahrheit verzerrte. Er hatte die Bonuszahlungen klugerweise bei einer sogenannten Rückversicherung abgesichert.

„Ich habe erneut komplett Recht bekommen", behauptete Armstrong unverfroren. Es war eine Lüge wie so vieles aus seinem Mund. Und pure Propaganda obendrein. Denn über seine Klage hatte das Schiedsgericht gar nicht mehr entscheiden müssen, als sich beide Seiten in direkten Verhandlungen auf eine einvernehmliche Lösung geeinigt hatten.

Die sah aus Bob Hammans Sicht so aus: Er bezahlte das, was er andernfalls ohnehin ausgegeben hätte. Plus die Anwaltskosten für Lance Armstrong und die seiner eigenen Firma. Ein Verlust, der sich in Grenzen hielt.

Auch wenn es Selbstbetrug bedeutete und am Anfang jener Eskalation stand, die ihn Stufe um Stufe immer näher an die Kante brachte, von der es nur noch in eine Richtung ging – nach unten: Es gehörte einfach zu Armstrongs Stil, Resultate wie diese als Erfolgsgeschichten auszuschlachten und so den Mythos seiner angeblichen Unbesiegbarkeit weiter auszubauen. Er gewann nicht nur auf dem Fahrrad. Er gewann nicht nur Medienmenschen und nicht nur Sponsoren für sich. Er gewann Trophäen in juristischen Auseinandersetzungen, was seine Lügenkonstruktion auf eine ziemlich stabile Weise weiter abstützte.

Kein Erfolg in dieser Serie schien übrigens bedeutender als die Entscheidung der Bundesstaatsanwaltschaft in Los Angeles im Februar 2012. Da wurde in einer kurzen Mitteilung bekanntgegeben, dass die Behörde ihre zwei Jahre währenden, strafrechtlichen Ermittlungen gegen den Texaner eingestellt hatte.

Weil auch in diesem Fall die Arbeit der Strafverfolger hinter verschlossenen Türen stattgefunden hatte, existierte in der Öffentlichkeit nur ein vages Bild. Es waren allerdings einige Informationen über Vernehmungen von Zeugen herausgesickert. Die Beweislage sei „absolut überwältigend" gewesen, meinten Personen mit Einblick in die Materie.

Armstrong entkam damals vermutlich nur ganz knapp einem enormen Problem: einer Anklage vor einem ordentlichen Gericht, vor dem das Beweismaterial für alle sichtbar auf den Tisch gekommen wäre. Trotzdem tat er so, als habe er nicht mehr als einen Mückenstich abgewehrt. „Ich freue mich, ohne Ablenkungen mein Leben als Vater,

Wettkämpfer, als Advokat für den Kampf gegen den Krebs fortzuführen", lautete seine offizielle Reaktion.

Für die Entscheidung des verantwortlichen Staatsanwalts André Birotte gibt es bis heute keine Erklärung. Es gibt nur Spekulationen, weshalb er sich weigerte, den ziemlich langen Waschzettel seiner Ermittler in eine Anklage umzuwandeln. Eine Liste von Vorwürfen zu kriminellem Betrug, zum verbotenen Handel mit rezeptpflichtigen Mitteln und illegaler Zeugenbeeinflussung. Seiner Karriere schadete die Entscheidung jedenfalls nicht. Birotte ist, was einer Beförderung gleichkam, inzwischen Richter am *United States District Court* für den *Central District of California* in Los Angeles. Dort taucht er hin und wieder erneut in den Schlagzeilen auf. So wie Anfang 2017, als er ein umstrittenes Verbotsdekret, mit dem die Trump-Regierung die Einreise von Muslimen aus bestimmten Ländern unterbinden wollte, in einer Eilentscheidung außer Kraft setzte.

Birotte muss ein Mann sein, der gerne geschickt taktiert. 2012 wählte er als Termin für die offizielle Verlautbarung einen Tag, als sich die meisten Sportjournalisten beim Super Bowl befanden. Und als Redaktionen nur wenig Platz für anderen Stoff hatten. Das Thema rutschte allerdings auch deshalb rasch vom Radarschirm der Medien, weil viele von uns nach einer fatalen journalistischen Faustregel arbeiten: Wenn nichts Durchgreifendes passiert, muss man darüber auch nicht ausführlich berichten. Nicht mal dann, wenn genau in diesem „Nichts" der Kern für ausgiebige Geschichten steckt.

BETSY ANDREU: „In my opinion, there was corruption. That is completely not in line with what happened with USADA. I know there are different standards. However, when we see there was drug trafficking going on, that violated Federal law. Why wasn't that prosecuted? It boggles the mind. I think that there was corruption."

41

„Meiner Meinung nach war das ein Fall von Korruption", sagt Betsy Andreu jedem, der es hören will. Es sei doch unter anderem um den illegalen Handel mit Arzneimitteln gegangen. „Das war ein Verstoß gegen die amerikanischen Gesetze. Warum führte das nicht zu einer Anklage?"

Die Frau von Frankie Andreu, einst ein mit Lance Armstrong befreundeter Mannschaftskamerad unter anderem im *US Postal Service* Team, gehörte zu den wichtigsten, weil standfesten Zeugen, die aus nächster Nähe erlebt hatte, wie der Texaner die Wahrheit verdreht und auf welche Weise er Menschen in seinem Sinne manipuliert hatte.

Heute wissen wir etwas mehr: Zum Beispiel, dass die für Armstrong damals positive Entwicklung nur scheinbar ein Erfolg war. Denn im Rahmen des Ermittlungsverfahrens sahen sich viele aus seinem Umfeld unter dem Druck des amerikanischen Prozessrechts erstmals gezwungen, unter Eid auszusagen. Weil jeder von ihnen zumindest etwas wusste, nahm der Fall Lance Armstrong schließlich doch noch Fahrt auf. Denn jedem Zeugen war klar: Bei einer solchen Aussage die Unwahrheit zu sagen, würde bedeuten, sich selbst in die Gefahr zu bringen, als Angeklagter vor Gericht zu landen. Dass Mitwisser genötigt werden konnten, unter Eid alle inkriminierenden Informationen preiszugeben – das war Lance Armstrongs schwache Stelle.

Mir hat Tyler Hamilton später erzählt, welch dramatische Erfahrung dies für ihn gewesen ist:

TYLER HAMILTON: „I had a lot secrets and a lot of lies and cover-ups from the past that I felt, for me and maybe the rest of the peloton, it was best I kept them to myself. For whatever reason I felt I had to go to the grave to live my whole life holding the secrets in. It wasn't until Jeff Novitzky from the FDA contacted me with a text mes-

sage, I believe it was in May 2010. He reached out to me. And basically, I got him in touch with my lawyer. It was a day or two later I got a subpoena, which is very, very serious. It's as serious as it gets. If you decline to go in and talk in front of the Grand Jury for a subpoena, they going to pull you in and you most likely go to prison. It was very serious. It really wasn't until that moment that I did think about ever telling the whole truth. Looking back, it was the best day of my life. Finally standing up and telling the truth in front of the Grand Jury. The first five minutes were a little bit tough to start telling the truth. But then, after about five minutes it was like a dam breaking. Pshew. It just poured out of me. The truth. All the way from 1997, all the way to 2004. All the secrets, all the lies, all the deceiving things I did. It came out. Surprisingly, it felt amazing. I had no idea. Really, from that day forward I knew I had to tell the truth. It is the best thing I can do for myself and for my family and I think, eventually, for the sport of cycling. I spent seven hours in front of the Grand Jury. Basically, it was Jeff Novitzky, I owe him. Without him I don't know where I would be today."

„Ich habe lange gedacht, ich würde die Geheimnisse mit ins Grab nehmen. Bis Jeff Novitzky von der amerikanischen Lebensmittel- und Arzneimittelaufsicht mir eine SMS schickte. Das war im Mai 2010. Er wollte, dass ich aussage. Ich habe abgelehnt. Dann kam die Zwangsvorladung. So etwas ist sehr, sehr ernst. Sie können dich holen, und du kannst ins Gefängnis kommen. Erst in diesem Augenblick habe ich darüber nachgedacht, die Wahrheit zu erzählen. Das war der beste Tag meines Lebens. Endlich die Wahrheit sagen vor der Grand Jury der Staatsanwaltschaft. Die ersten fünf Minuten waren hart. Aber dann fühlte es sich an, als ob ein Damm bricht. Es ist nur so aus mir herausgelaufen. Alles von 1997 bis 2004. Alle Geheimnisse, alle Lügen, all die Vertuschungen. Ich war überrascht, wie gut sich das anfühlt. Das verdanke ich Jeff Novitzky. Ich weiß nicht, wo ich ohne ihn heute wäre."

Doch das war nicht das einzige, was er in seinem Innern überwinden musste: Es gab und gibt im Sport nämlich eine als Loyalität empfundene, regelrechte Ganovenehre. So kostete es ihn eine Menge Überwindung, die Namen von Mitverschwörern zu nennen und sie gegen deren Willen bloßzustellen und in die Ermittlungen hineinzuziehen.

TYLER HAMILTON: „I wish I didn't know any names and I just could say I did it all myself with no other help. For me the hardest part for is talking to you guys about my experiences with other individuals. I wish I just could say I did it all myself, I am a bad person, I lied, I cheated. The hardest part is mentioning co-workers."

„Ich wünschte, ich würde die Namen nicht kennen und könnte sagen, ich hätte das alles alleine und ohne irgendwelche Hilfe getan. Das ist für mich das schwerste daran: Über meine Erfahrungen mit anderen zu reden. Ich wünschte, ich könnte sagen: Ich allein bin ein schlechter Mensch, habe gelogen, habe betrogen. Mitstreiter zu benennen, das ist das schwierigste."

Eine feste Wagenburg ist unser Gott

Zurück nach Austin. Zurück und die Kanzlei der Armstrong-Anwälte Herman, Howry & Breen in der Pearl Street.

JEFF TILLOTSON: „I am just trying to find out if Mr. Stapleton tells you what's going on."

Wir wissen heute, dass Lance Armstrong 2005 bei seiner Vernehmung im Büro seiner eigenen Anwälte einen Meineid geleistet hat. Wofür man in Amerika normalerweise ins Gefängnis geht.

Warum kam ausgerechnet er unbeschadet und straffrei davon? Die kurze Antwort ist knapp und beschämend schlicht: Als er viele Jahre später doch noch alles zugibt, ist sein Meineid verjährt.

Die lange Antwort ist etwas komplizierter. Sie aufzuspüren, war der Hauptgrund dafür, weshalb ich mich über so viele Jahre mit ihm, aber vor allem auch mit seinem Umfeld beschäftigt habe.

Gewiss, Lance Armstrong war der Mann, um den sich die ganze Geschichte drehte. Aber es war eine Geschichte, in der er beständig alles verdrehte. Er war Solist und Dirigent zugleich, hinter dem und neben dem eine ganze Garnitur von Jüngern und Ja-Sagern existierte, wie man sie im Radsport als Spitzenfahrer einfach hatte.

Seine Mannschaftsmitglieder waren gute bis sehr gute Radfahrer, die als Funktionsträger mehrere Jobs inne hatten. Die besseren nannte man Adjutant oder Leutnant – eine Anspielung an das Militär. Andere bezeichnete man als Domestik, eine Ableitung aus dem Französischen, wo das Wort eigentlich Dienstbote bedeutet. Dieser Terminus wurde schon bei einer frühen *Tour de France* 1911 für Fahrer aufgebracht, die hauptsächlich Hilfsdienste versehen. Sie haben unter anderem den Kapitän der Mannschaft und seine Top-Brigade mit Getränken und Nahrungsmitteln zu versorgen. Sie haben ihnen Windschatten zu geben, damit sie etwas gemütlicher durch die Landschaft strampeln können. Und sie haben taktische Manöver zu fahren und sich dabei notfalls auch zu verausgaben, solange dies dem Anführer dient.

Dann gab es Sportliche Leiter und natürlich technisches Personal, das für das Material verantwortlich war. Dabei handelte es sich in den Teams von Armstrong um Leute, die einen Tick mehr Erfahrung hatten als der Durchschnitt und die nicht nur wussten, dass er ausschließlich auf eingerittenen, weicheren Fahrradsätteln antrat, sondern auch wie man die Reifen für ihn fünf Jahre und länger an einem kühlen, dunklen Ort lagern konnte, ehe sie zum ersten Mal aufgezogen werden durften. Die klassische Gummimischung brauchte Zeit, hatte Armstrongs Mechaniker Julien de Vriese herausgefunden.

Es wirkte wie eine Marotte, war aber vermutlich für ein paar Zehntelsekunden hier und da mitverantwortlich wie so viele andere Facetten auch. Für einen Dokumentarfilm über Lance Armstrong ging der Belgier mit den Kameras des amerikanischen *Discovery Channel* in den Reifen-Keller:

JULIEN DE VRIESE: „Now we are in the place of one of the most important things from the team. We are where all the tubulars are stacked. It is very important that the tubular is old and softer for the flat tires. While a tubular is young the glue is not dry. Feel here, an old tubular is supple. A young one is harder. That's the difference. This tubular for Lance for the Tour de France is going to be more than six, seven years old."

In alten Reifen sei der verwendete Klebstoff nämlich ausgetrocknet, sagte er, was bei den neuen noch nicht der Fall sei. Das Material sei aus diesem Grund kurz nach der Produktion im Vergleich zu hart für die Ansprüche des Hochleistungsradfahrers, bei dem es auf die Optimierung aller Details ankommt. „Das macht den Unterschied aus", erklärte de Vriese.

Der hatte für so erfolgreiche Radfahrer wie Eddy Merckx und Greg LeMond gearbeitet, aber seinen Job im *US Postal Service* Team gleich wieder gekündigt, nachdem 1999 Armstrongs erster positiver Kortison-Test bekannt wurde. Als die Sache durch die Hilfe des Radsportverbandes vertuscht war, umwarb der Texaner de Vriese persönlich, damit er es sich noch einmal überlegt und wieder zurückkehrt.

Der tat ihm tatsächlich den Gefallen, offensichtlich weil er das Geld brauchte. Der Lohn für sein Engagement bestand unter anderem daraus: Als nach der *Tour de France* 2000 bekannt wurde, dass das Team seinen Abfall mit Schachteln des dopingverdächtigen, aber nicht verbotenen Mittels *Actovegin* mehr als 70 Kilometer vom Hotel entfernt entsorgt hatte, tauchte er im offiziellen Dementi der Mannschaft auf. Der aus Kälberblut herausgefilterte Stoff, dem leistungssteigernde Wirkungen nachgesagt werden und etwa von einem Mann wie Dr. Hans-Wilhelm Müller-Wohlfahrt unentwegt seinen Fußball-Patienten verabreicht wurde, werde angeblich unter anderem in der Behandlung von de Vrieses Diabetes-Erkrankung verwendet. Mannschaftsmitglied Christian Vande Velde gab später in seiner eidesstattlichen Erklärung vor der *USADA* zu, dass es sich dabei selbstverständlich nur um reine Desinformation gehandelt hatte: „Ich wusste, dass die Behauptungen nicht wahr waren. *Actovegin* wurde den *Postal-Service*-Fahrern vom Teamarzt gegeben, um die Leistung zu steigern und den Kreislauf zu stimulieren."

Es war ein gutes Beispiel dafür, wie Ärzte, Masseure und Chiropraktiker, genannt *soigneurs,* und Trainer involviert waren und am Lügengebäude mitbauten. Weitere Menschen agierten im Hintergrund. Darunter ein bestens vernetzter Financier, ein ruchloser Manager und Agent, die liebedienerischen Vertreter von Sponsorenfirmen. Nicht zu vergessen die Frauen, mit denen die Fahrer verheiratet waren oder zusammenlebten.

Im *US Postal Service* Team war das noch nicht alles. Es gab da etwa einen Franzosen, dem die Fahrer den Spitznamen *Motoman* gegeben hatten. Er hieß, so ergaben die Recherchen des Sportblatts *L'Equipe*, Philippe Maire und war Betreiber eines Fahrradladens in Cagnes-sur-Mer an der Côte d'Azur. Er stritt in der direkten Konfrontation jedoch ab, dass er derjenige gewesen war, der auf seinem Motorrad die Doping-Produkte gut gekühlt in Thermosgefäßen entlang der Strecke der *Tour de France* von Ort zu Ort transportiert und pünktlich abgeliefert hatte.

Der Einsatz einer solchen zusätzlichen Hilfskraft entsprang den Erfahrungen aus dem *Festina*-Skandal von 1998, als mehrere Razzien der französischen Strafverfolgungsbehörden in Hotels, in denen die Teams übernachtet hatten, jede Menge an Dopingsubstanzen fanden und so Art und Umgang der Doping-Praktiken in dieser Mannschaft aufdecken konnten. Mit *Motoman* würden solche Spuren gar nicht erst entstehen.

Man erkennt daran: Eine Doping-Verschwörung, die sich über Jahre abspielt und viele Sportler einbezieht, funktioniert nur, wenn es viele Helfershelfer und Handlanger gibt. Und wenn sie alle währenddessen und natürlich auch später den Mund halten. Oder, falls damit konfrontiert – wie Maire – einfach alles abstreiten.

Zu den Komplizen gehörten bedauerlicherweise auch Journalisten, die den Radsport aus nächster Nähe verfolgten, wie Daniel Coyle 2005 in seinem Buch *Lance Armstrong's War* erstmals verriet. Das

Team in den blauen Trikots mit dem weißen *US-Postal*-Emblem arbeitete auch in diesem Bereich gezielt, effektiv und konsequent: mit einer Schwarzen Liste mit den Namen von kritischen Reportern. Man bestrafte diese Journalisten hauptsächlich damit, ihnen keine Interviews zu gestatten. Eine Zugangssperre für Unbotmäßigkeit, die manchen Medienmenschen zu einem gefügigen Werkzeug machte.

„Wir haben Freunde im Presseraum", verriet Johan Bruyneel, der Sportliche Direktor, damals. „Wir wissen, was los ist. Und wer mit wem Kontakt hat." Man ging so weit und fotografierte missliebige Berichterstatter und ließ die Bilder vorsichtshalber als Warnung intern an alle Teammitglieder zirkulieren.

Einen ganz bestimmten Feind hatte man beim *US Postal Service* Team bereits vor dem Erscheinen seines Buches ausgemacht, das eine Pionierarbeit war. Es trug die bis dahin aufgetauchten Verdachtsmomente zusammen und enthüllte, welche Methoden angewendet wurden. Der missliebige Journalist war der Ire David Walsh von der *Sunday Times* in London.

Die PR-Leute bei *US Postal* waren angehalten, ständig herauszufinden, wo sich Walsh aufhielt und mit welchen Kollegen er während der großen Rundfahrten ein Auto teilte. „Wir haben uns natürlich Sorgen gemacht", verriet Johan Bruyneel, wie Coyle in seinem Buch festhielt. „Es gibt viele Leute, die Lance stürzen wollen. Wir wussten nicht, was in dem Buch steht."

Eine feste Wagenburg ist unser Gott.

Als dieses Buch fertig war, erschien es nur auf Französisch, aber nicht um die Theorie des Schriftstellers Ernest Hemingway zu bestätigen. Der Grund war viel profaner. *L. A. Confidentiel: Les secrets de Lance Armstrong*, das Walsh zusammen mit dem französischen Journalisten Pierre Ballester geschrieben hatte, drohte im Vereinigten Königreich erhebliche Unbill. Denn die britische Gesetzgebung kommt, wenn es um rufschädigende Anschuldigungen wie Diffamierung oder üble Nachrede geht, klagemutigen Figuren wie Lance Armstrong sehr entgegen. Der Betroffene muss nicht etwa beweisen, dass seine Reputation Schaden genommen hat und die Berichterstatter einen Sachverhalt ganz bewusst und nicht etwa bloß fahrlässigerweise falsch dargestellt haben. Die Beweispflicht haben der Autor und das Medienunternehmen, das die Aussage publiziert hat.

Was das bedeutete, zeigte sich schon wenig später. Es genügte Armstrong schlichtweg, gegen Walsh und seinen Arbeitgeber in London vor Gericht Klage einzureichen, nachdem die *Sunday Times* einen Text unter Bezug auf das Buch veröffentlicht hatte. Und tatsächlich: Der Amerikaner erzwang in diesem Prozess nicht nur einen Widerruf, sondern auch noch eine Schadenersatzsumme von 300.000 Pfund. Erst nach Armstrongs Geständnis konnte der Verlag diesen Betrag und die eigenen Anwalts- und Gerichtskosten, die sich auf über 700.000 Pfund beliefen, durch eine Zivilklage wieder zurückholen.

Armstrongs Versuch, in Frankreich gegen das Buch und gegen die Zeitschrift *L'Express* vorzugehen, die einen Auszug veröffentlicht hatte, scheiterte hingegen. Seine Anwälte zählten vor dem *Tribunal de Grande Instance* in Paris 18 angeblich rufschädigende Stellen in *L. A. Confidentiel* auf. Richterin Catherine Bezio war nicht beeindruckt und stufte die Klage gar als Missbrauch des französischen Rechtswesens ein. Sie verurteilte Armstrong allerdings nur zu einer symbolischen Strafe von 1,20 €. Das Buch blieb unangetastet und wurde mehr als hunderttausendmal verkauft.

Attacke, Aggressivität, Schonungslosigkeit gegenüber anderen – dafür brachte Lance Armstrong, Sohn einer alleinerziehenden Mutter, die ihn mit 17 auf die Welt gebracht hatte, von Anfang an die passende

Disposition mit. Es wurde im Rennzirkus zu einem Markenzeichen seines Charakters, der immer wieder andeutete, dass er bereit war, notfalls jeden aus seinem inneren Zirkel einzuschüchtern, den er im Verdacht hatte, auspacken und entscheidende Dinge preisgeben zu wollen.

Es gab genügend Beispiele für seine Vorgehensweise. Eine beispielhafte Erfahrung beschrieb der Amerikaner Mike Anderson 2012 im Magazin *Outside*: „Ich bin 2002 als Mechaniker und Armstrongs Assistent zu seinem Stab dazugestoßen. Damals waren wir Freunde, die oft zusammen mit dem Mountainbike unterwegs waren. Er hat mir schriftlich und mündlich versprochen, meinen Traum zu finanzieren, wenn mein Job bei ihm zu Ende geht: ein Fahrradladen in Austin. Armstrong wurde sauer auf mich, was nichts mit meiner Arbeit zu tun hatte. Ich wurde deshalb 2004 urplötzlich herausgeworfen. Und zwar ohne eine eindeutige Begründung. Das Versprechen bezogen auf den Fahrradladen zog er zurück und attackierte mich persönlich und beruflich, was meine Aussichten auf Arbeit in Austin komplett ruinierte. Ich bin in Neuseeland gelandet, um ein neues Leben anzufangen."

Armstrong hatte keine Probleme, mit harten Bandagen vorzugehen. Mike Anderson zum Beispiel beschuldigte er öffentlich, ihn zu erpressen. Eine Variante von Rufschädigung, vor der auch seine Anwälte nicht zurückschreckten.

Die *New York Daily News* schilderte 2012 ein anderes Beispiel: Wie eine Freundin von Lance Armstrong auf dem Anrufbeantworter einer Widersacherin die Aussage hinterließ: Sie hoffe, dass „jemand auf ihrem Kopf einen Baseballschläger zertrümmert".

Das feine Geflecht dieser Inszenierung spielte sich überall gleichzeitig ab – hinter den Kulissen und davor. Es reichte bis in die Sportwissenschaft, wo ein Professor namens Ed Coyle (nicht verwandt mit dem Journalisten gleichen Namens) an der *University of Texas* in Austin in seinem Labor anhand mehrjähriger Beobachtungen dem Mythos von der Ausnahmeerscheinung Lance Armstrong eine vermeintlich solide und plausible Grundlage gab.

ED COYLE: „We have been studying Lance Armstrong in the laboratory for twelve years. Over this period he has trained so hard that he has improved his muscle efficiency a whopping eight per cent. We think that is because he has adapted his muscle."

„Acht Prozent gesteigerte Muskeleffizienz" – es klang nach wenig, aber war für die Sekundenabstände unter Spitzenathleten im Hochleistungssport extrem viel.

Die Legende von der Steigerung der Effizienz von Armstrongs Muskelleistung und ein angeblich ausschließlich durch hartes Training erworbenes Leistungsplus publizierte Coyle damals unwidersprochen sogar in einem fachwissenschaftlichen Magazin. Er trat sogar als sachverständiger Zeuge im Schiedsgerichtsverfahren von Lance Armstrong gegen *SCA Promotions* auf, um mit seinen – angeblich stichfesten – Forschungsangaben die Doping-Indizien entkräften zu helfen. Als der Professor schließlich selbst ins Fadenkreuz der Medien geriet, wurde klar, wie windig seine Arbeit war. Am aufschlussreichsten war seine Antwort auf die Frage der *New York Times*, ob er nicht womöglich einer Doping-Lüge Vorschub geleistet habe: „Ich weiß nicht, was die Wahrheit ist. Aber mir ist das auch ziemlich egal."

Dank solcher Figuren neben und hinter Armstrong erhielt die Fama des angeblich von der Natur auf außerordentliche Weise begünstigten Radfahrers jedoch zunächst mal ein stabiles Grundgerüst. Ein Glaubwürdigkeitsbauwerk, das sich mit einem zusätzlichen Aufwand an Lügen, finanziellen Verlockungen und versteckten Drohungen weiter abstützen ließ.

Es war überdeutlich, wer alles davon profitierte. Einen Namen sollte man an dieser Stelle aber vor allem erwähnen: Die vielleicht bemerkenswerteste Karriere im Windschatten der Erfolge und der weitreichenden Akzeptanz der vielen Lügen legte damals seine Mutter hin. Linda Armstrong Kelly schrieb ein ganzes Buch. 270 Seiten lang. Titel: *No Mountain High Enough: Raising Lance, Raising Me* – und stieg anschließend in den Rang gut bezahlter Vortragsredner auf.

Ja, reden können die Armstrongs.

Die ganze Wahrheit? Sie besteht aus Unmengen von Bruchsteinen, die selbst die amerikanische Anti-Doping-Agentur nicht alle zusammentragen konnte, als sie mit ihrer erstaunlichen, 202 Seiten langen Entscheidung im Oktober 2012 eine lebenslange Sperre gegen Armstrong verhängte. Und die auch seine Fernsehbeichte, obwohl sie über mehrere Stunden ging und vieles zur Sprache brachte, nicht vollständig zusammensetzen konnte.

OPRAH WINFREY: „Yes or no? Did you ever take banned substances to enhance your cycling performance?"

LANCE ARMSTRONG: „Yes."

OPRAH WINFREY: „Yes or no? Was one of those banned substances EPO?"

LANCE ARMSTRONG: „Yes."

OPRAH WINFREY: „Did you ever blood dope or use blood transfusions to enhance your cycling performance?"

LANCE ARMSTRONG: „Yes."

OPRAH WINFREY: „Did you ever use any other banned substances like testosterone, cortisone or human growth hormone?"

LANCE ARMSTRONG: „Yes."

Die öffentliche Abrechnung mit seinen eigenen Fehlern, kanalisiert mit Hilfe der streng wirkenden, aber netten Frau auf dem Stuhl gegenüber, war nur vordergründig ein Dialog aus Fragen und Antworten. Im Grunde war sie ein einziger, langer Monolog. Eigentlich ein Fall für einen Psychotherapeuten.

Armstrong tat bei diesem Auftritt in einem Hotel in Austin nicht mehr, als in diesem Augenblick etwas abzulegen, was er nicht mehr brauchte. Er tat, was man mit alter Garderobe macht. Oder mit Kosmetikprodukten mit abgelaufenem Verfallsdatum. Es klang reuevoll. Verständnisvoll. Menschelnd.

Aber Experten, die sich mit Körpersprache auskennen und den Auftritt analysierten, schlossen aus einer Reihe von Anzeichen, dass dieser Anstrich nur Teil einer neuerlichen Schauspieleinlage einer „menschlichen Narrativ-Maschine" war, die Geschichten „erfindet und ihnen Leben einhaucht", so S. C. Gwynne im September 2017 im Magazin *Outside* in einer Vorschau auf den Schadenersatzprozess der amerikanischen Post. Die ganze Wahrheit war das nicht. Bestenfalls die halbe.

Das Motiv dafür, dass Lance Armstrong Anfang 2013 aus der Ecke herauszukommen versuchte, in die er sich mit seiner unhaltbaren Behauptung manövriert hatte, er habe niemals irgendeine verbotene Substanz genommen, war nicht schwer zu verstehen. Er wollte offensichtlich Bewegungsspielraum gewinnen. Wozu gehörte, verständig und einsichtig und bescheiden zu wirken. Ein Schachzug, den kritische Journalisten wie David Epstein, der zuvor für das Magazin *Sports Illustrated* über den Skandal geschrieben hatte, gar nicht groß kommentieren mochten. Er sagte 2013 in einem Interview mit dem Talkshow-Gastgeber Charlie Rose im amerikanischen Fernsehen:

DAVID EPSTEIN:„From the outside, strategically, this looks like it's been been fifteen years of deny, deny deny, deny, until there wasn't a penny left to be had from denying. And then it was, let's see what we can get from confessing. So, I think, a lot of people will try to interpret his emotions and mannerisms. And to me, I am in a place, where I understand, where I can't even begin to do that."

„Das sieht wie ein strategischer Schritt aus. Er hat 15 Jahre nichts anderes getan als Abstreiten, Abstreiten, Abstreiten, bis sich daraus kein Funken mehr schlagen ließ. Jetzt will er herausfinden, was er mit einer Beichte erreichen kann."

Die Doping-Lüge fährt auch noch Jahre später hinter dem Texaner her. Vor einer Weile begaben sich er und seine Familie interessanterweise doch noch in psychotherapeutische Behandlung. Er tat also das, was er 2014 noch spöttisch mit den Worten abgelehnt hatte, Therapie sei für ihn: „Radfahren, Golfspielen und Biertrinken".

Es wird vermutlich nicht viel bringen. „Psychoanalytiker glauben, dass Narzissmus" – also die Kernbefindlichkeit von Lance Armstrong – „von einem Entwicklungsstillstand herrührt, der auf ungenügende (nicht konstante, empathiefreie) Eltern und/oder traumatische Ereignisse in der Kindheit (speziell die Zurückweisung einer Mutter/der Eltern) zurückgeht", schrieb Elizabeth Mika 2017 in ihrer Abhandlung *There is Something about Donny* über Donald Trump, den berühmtesten Narzissten der Welt. Darin zeigte die Psychologin und Erziehungsberaterin die Ähnlichkeiten des Verhaltens betroffener Erwachsener im Vergleich zu Kleinkindern auf und nannte als einen zentralen Begriff für den regressiven, narzisstischen Charakter eine „eingeschränkte Objektkonstanz", die mangelhafte Fähigkeit des Kindes, eine Beziehung aufrechtzuerhalten, die relativ unabhängig von Bedürfnisbefriedigung ist. „Objektkonstanz liegt vor", sagt das *Lexikon der Psychologie*, „wenn das Kind eine Vorstellung von der Mutter auch dann hat, wenn sie außer Sichtweite ist und wenn für das Kind dieser Zustand momentan unbefriedigend ist." Die Befürchtung, verlassen zu werden, entsteht nur dort nicht, wo „das Kind den Mut und das Vertrauen aufbaut, sein eigenes Leben führen zu dürfen". Im anderen Fall entwickelt sich spätestens im Erwachsenenalter „eine sehr dünne Beziehung zur Realität und der Wahrheit", meint Mika, Co-Autorin des im Herbst 2017 erschienenen Bestsellers *The Dangerous Case of Donald Trump: 27 Psychiatrists and Mental Health Experts Assess a President*.

Allseits akzeptierte Fakten seien für einen solchen Menschen je nach Gutdünken und Interessenlage verbiegbare Sachverhalte. Die Manipulation von Mitmenschen gehöre zur Standardausstattung im Alltag („er muss andere kontrollieren, weil er ihnen nicht trauen kann"). Genauso wie das Fehlen von echtem Mitgefühl, das ein solcher Mensch bestenfalls schauspielerisch nachempfinden würde, weshalb das bei so jemandem auch leicht als aufgesetzt entlarvt werden kann („der andere Mensch ist nie eine komplette Person, sondern ein Objekt/Teil seines narzisstischen Nachschubs").

Armstrong dürfte in all den Jahren gedacht haben, dass es für ihn wirklich nie um die ganze Wahrheit und um objektive, überprüfbare Tatbestände – die Wirklichkeit und Tatsachen – ging, sondern bestenfalls um eine Schaupackung namens *Wahrheit*. Um eine Version von Wahrheit, wie sie zum Beispiel seine Anwälte zu propagieren versuchten, nachdem ihr Mandant durch eine lebenslängliche Sperre der amerikanischen Anti-Doping-Agentur aus so gut wie allen Sportveranstaltungen herausgehalten wurde.

Armstrongs Juristen waren es gewesen, die jahrelang das Verfahren in die Länge gezogen hatten, Anträge gestellt – noch und noch, immer und immer wieder. Und die irgendwann mit dieser Theorie herausgekommen waren: Eigentlich sei Armstrong aufgrund der Schadenersatzklage der amerikanischen Post, die ihre gesamte Sponsorenfinanzierung von ihm zurückhaben wollte und eine Strafzahlung von bis zum Dreifachen der Summe obendrauf, also bis zu fast 100 Millionen Dollar, ein Opfer. Die amerikanische Post habe gar keinen Schaden erlitten. Im Gegenteil. Sie habe von dem enormen öffentlichen Interesse profitiert. Und sie hätte, wenn sie tatsächlich damals etwas geahnt hätte, rechtzeitig gegen den Radfahrer und sein Team vorgehen müssen. Die Unterstellung lautete demnach: Wer sich damals nicht gegen Armstrong gestemmt hatte wie Bob Hamman und *SCA Promotions*, der hatte nun sein Recht verwirkt, sich betrogen zu fühlen und den Schaden ersetzt zu bekommen.

Der Prozess sollte eigentlich nach langen Verzögerungen endlich im Spätherbst 2017 in Washington beginnen, nachdem im Laufe der Zeit zwei Versuche gescheitert waren, sich gütlich auf eine Summe zu einigen. Der Termin wurde im September einmal mehr auf das Frühjahr 2018 verschoben. Wenige Tage vor dem Beginn meldete die *New York Times* eine außergerichtliche Einigung zwischen den beiden Seiten. Statt 100 Millionen Dollar erklärte sich Armstrong bereit, 5 Millionen zu bezahlen, und Floyd Landis, der das Verfahren bereits 2010 aufgrund einer Besonderheit im amerikanischen Rechtswesen angestrengt hatte, dessen Anwaltskosten von 1,65 Millionen Dollar zu ersetzen.

Niemand hatte wirklich gewonnen. Abgesehen von Lance Armstrong, der nicht nur preisgünstig davon gekommen war. Er konnte endlich einen Schlussstrich unter seine Karriere als Doper ziehen. Und dafür hatte er nur einen Teil seines mit betrügerischen Mitteln aufgehäuften Vermögens ausgeben müssen.

Davon abgesehen: Dies war eine Lösung, die verhinderte, dass die ganze Wahrheit öffentlich verhandelt wurde. Weshalb die interessierte Öffentlichkeit bis heute nur ein verkürztes, unvollständiges Bild von der Angelegenheit hat. Und weshalb dieses Buch den Versuch unternimmt, so viele Aspekte der Verschwörung zum Nachteil der amerikanischen Post, der Gemeinschaft der Krebskranken weltweit und der enormen Gemeinde von Millionen von Radsportanhängern so gut wie möglich zusammenzutragen. Weil erst dadurch deutlich wird, was man aus einem derartigen Fall eigentlich lernen kann.

Mehr nämlich als, dass es erfolgreiche Athleten gibt, die eine verzerrte Vorstellung von ihrem Platz in der Geschichte des Sports haben und die lügen und betrügen, um dem Rest der Welt ein falsches Spiel vorzuspielen.

Einzeltäter? Eine Theorie, die in die Irre führt

Es kommt nur selten vor, dass man sich über eine derart lange Zeit und so ausgiebig mit den Entwicklungen und Verästelungen einer einzelnen Sportlerbiographie beschäftigt. Aber dies ist es: das Arbeitsergebnis der Spurensuche einer scheinbar unendlichen Geschichte. Eine Nacherzählung und ein Nachsinnen, an dem der Blickwinkel vermutlich das Besondere ist. Und das aus einer Reihe von eher harmlosen Gründen.

Das beginnt schon damit: Die meisten Menschen können gar nicht so ausgedehnt und intensiv einem solchen Thema nachgehen, wie das in meinem Fall geschehen war. Dabei hatte es dieser Stoff von Anfang an verdient.

Meine Ausgangslage kurz umrissen: Ich arbeite vom Standort New York aus für eine Reihe von Medien, und zwar in Deutschland und in der Schweiz. Darunter für den Deutschlandfunk.

MEHRERE RADIOSPRECHER: „Jürgen Kalwa hat die Eskimo Olympics in Fairbanks besucht ... Jürgen Kalwa hat Juliet Macur vor ein paar Tagen in Washington getroffen ... im heutigen Nachspiel berichtet Jürgen Kalwa über ... ein Nachruf von Jürgen Kalwa ... ein Nachspiel von Jürgen Kalwa."

Es gehört übrigens nicht viel Selbstkritik dazu zu erkennen, dass es Medien waren, dass wir alle aufgrund der Radsportbegeisterung in diesen beiden Ländern ab 1999 flächendeckend einen erheblichen Beitrag leisteten, die Begeisterung für Lance Armstrong zu schüren.

Dass wir in unserer Rolle oft genug auf fragwürdige Weise agieren, ist uns selten bewusst. Dabei drehen wir immer mit an der Orgel. Manchmal mehr, manchmal weniger. Hier drei völlig beliebige Zitate aus jenen Jahren.

Beispiel 1: „Was als Wunder anmutet, sind die Erfolge eines mutigen Mannes und der modernen Medizin", so stand es gleich am Anfang eines Artikels in der Zeitung *Die Welt* vom 17. Juli 1999. Geschrieben von Prof. Dr. Lothar Weißbach, einem Urologen, damals Präsident der Deutschen Krebsgesellschaft. Er wusste ganz offensichtlich rein gar nichts über den konkreten Fall. Aber das hielt ihn keineswegs von einer forschen Wortmeldung ab.

Beispiel 2: Im Bonner *General-Anzeiger* konnte man 2003 diesen Satz lesen: „Wunder gibt es schließlich auch im Radsport immer seltener. Und das letzte Wunder, der erste Tour-Sieg des Krebspatienten Armstrong, liegt gerade einmal vier Jahre zurück."

Beispiel 3: 2005, ein Berliner Boulevardblatt pflastert nach: *„B.Z.* erklärt das Wunder Armstrong." Wie erklärt man Wunder? Mit allem möglichen an Nonsens: „Der Perfektionist kennt jede Kurve einer Etappe, jeden Baum, den detaillierten Wetterbericht. Täglich spricht er mehrere Male mit dem *Discovery*-Sportdirektor Johan Bruyneel: ‚Manchmal diskutieren wir bis spät in die Nacht.' Das Vertrauen in die eigene Stärke schöpft der *Tourminator* aus seinem Kampf gegen den Krebs. ‚Ich habe die Krankheit besiegt und bin stärker geworden, körperlich und mental.'"

Das entscheidende Wort – Doping – taucht nur einmal auf, und zwar ganz am Ende und wird auch noch eingerahmt von frei erfundenen Behauptungen: „Einem Journalisten, der 1999 Doping-Gerüchte über ihn verbreitete, schickte Armstrong elf Anwälte auf den Hals. Das Buch wurde eingestampft..."

Es gab andere, die sahen sich von Beginn an in einer Zwickmühle. Sie wollten Armstrongs Leistungen nicht einfach akzeptieren, ohne sie gewissenhaft zu hinterfragen. Aber damit bezog man bereits Stellung. Denn mit der eigenen Skepsis stellte man mehr als nur Armstrongs individuelle sportliche Darbietung in Frage, sondern auch das vermeintlich Großartige am gesamten Hochleistungssport.

Für diese Skepsis gab es übrigens objektive Anhaltspunkte. Zum Beispiel diesen: Die Durchschnittsgeschwindigkeit der *Tour de France* von 1999 lag zum ersten Mal in der Geschichte der Rundfahrt über 40 Stundenkilometer.

Wie setzt man sich damit auseinander? Vielleicht indem man sich nicht einfach von der Schein-Realität überrollen lässt. Und indem man mit möglichst vielen Menschen spricht, die etwas wissen, was den Urverdacht erhärten hilft. Indem man zum Beispiel dorthin reist, wo sie leben.

Aus diesem Grund war ich wegen Lance Armstrong viel unterwegs. Ich war im Verlauf der Jahre zu Interviews in Montana und Utah im Westen der USA. War für Recherchen und Gespräche in Michigan und Wisconsin im sogenannten Mittleren Westen. Und war in der Hauptstadt, in Washington. Ich traf am Rande des jährlich stattfindenden *Masters* in Augusta kenntnisreiche Kollegen, die sich sowohl intensiv mit Radsport als auch mit Golf beschäftigen. Und begegnete anderen Menschen, die mir weiterhelfen konnten, in New York.

Das Ganze war keine Fahndungsmaßnahme und schon gar keine Hexenjagd, wie Armstrong das nannte, als ihm klar wurde, dass seine Verfolger vermutlich nicht so leicht aufgeben würden und immer wieder neue Anhaltspunkte für den Generalverdacht fanden, der ihn einkreiste und beschuldigte. Im Prinzip handelte es sich bei diesem Vorgehen um so etwas wie eine Sinnsuche.

Es hätte aus meiner Sicht nicht sehr viel gebracht, dafür zusätzlich nach Frankreich zu fliegen und zusammen mit 2000 anderen Journalisten jene *Tour de France* zu begleiten, die Ernest Hemingway fast hundert Jahre vorher gefeiert hatte. Ich wollte schließlich nicht wissen, wie die *Tour de France* funktioniert und wie sie überhöht und mystifiziert worden war. Das hatten andere bereits hinreichend erklärt. Ich wollte wissen, wie das *System Armstrong* funktioniert. Und wer da mit wem zusammen auf welche Weise die Welt zu belügen und betrügen versucht. Weil ich dachte, dass aus diesem Wissen andere sehr viel mehr und womöglich irgendetwas Brauchbares destillieren können.

Etwas wie die Aussage von Betsy Andreu, die Frau von Frankie Andreu und jahrelange Kämpferin gegen das Lügen- und Betrugsnetzwerk, das Armstrong aufgebaut hatte. Ihr ging es um mehr als um einen bloßen Zank mit dem Radfahrer, der versucht hatte, sie und ihre Familie zu ruinieren. Es ging ihr um unser aller Verhältnis zu Sport, um eine aufgeklärte Gesellschaft, die im Umgang mit einem solchen Thema nicht einfach ihre Prinzipien ad acta legt:

BETSY ANDREU: „What bothers me is the doping is bad. No child should ever think they have to dope to get on a team, to get a scholarship. No man or woman should ever lose their job, because they refuse to dope. That's wrong.“

„Was mich stört: Doping ist schlimm. Kein Kind sollte je denken, dass es sich dopen muss, um sich für eine Mannschaft zu qualifizieren, um ein Stipendium zu erhalten. Kein Mann und keine Frau sollte ihren Job verlieren, weil sie sich weigern, sich zu dopen. Das ist falsch.“

Zum Doping-System gehört eine Infrastruktur, in der Funktionäre aus vielen Ländern hinter den Kulissen ein Spiel spielen, in dem Doping geduldet wird. Sei es selektiv oder gezielt. Für viele in den entscheidenden Ämtern ist der Kampf gegen den Betrug bestenfalls ein Lippenbekenntnis. Ich erinnere mich an eine Schlagzeile bei *Zeit Online*, die 2009 diese Konstellation im Fall eines vom eloquenten Parteimann zum nützlichen Apparatschik konvertierten deutschen Politikers plakativ so formulierte: „Rudolf Scharping – Maskottchen der Doping-Sünder."

Ich denke manchmal, meine Herangehensweise wirkt obsessiver, als sie ist. Denn wir reden über normalen journalistischen Alltag. Zu dem das Telefonieren gehört. Das Schreiben von Emails. Das Lesen von Zeitungen und Magazinen. Und erst recht eine regelmäßige kritische Selbstbefragung – und zwar nicht zuletzt zu den Rückkopplungen, die einem die Realität beschert.

Wer ist glaubwürdig?

Wessen Einlassungen passen in die sich allmählich entwickelnde Skizze?

Wo gibt es Widersprüche?

Dies ist das Resultat: Die Reisen, Recherchen und Gespräche verdichtet und in einem größeren Rahmen nach Art eines Diskurses sehr viel ausführlicher ausgebreitet, als dies im journalistischen Alltag möglich ist.

Es geht in dieser Zusammenfassung nicht darum, noch einmal zu belegen, was inzwischen hinreichend bewiesen ist: Armstrong hatte gedopt. Armstrong hatte gelogen. Armstrong hatte seine unter falschen Vorzeichen errungenen Erfolge dazu verwendet, richtig reich und richtig berühmt zu werden. Und er hatte das Vertrauen von Sportanhängern und – noch schlimmer – von um jeden Hoffnungsstrahl kämpfenden Krebskranken missbraucht.

Wie viele waren allein das? Es dürften mindestens all die 50 Millionen Amerikaner gewesen sein, die im Laufe der Zeit die gelben Plastikarmbänder mit dem Slogan *Livestrong* kauften und damit eine Haltung demonstrierten, die so wirkte, als würden sie sich zu einem modernen Kult bekennen.

LANCE ARMSTRONG: „Yellow is the reason I am here. Join me, Lance Armstrong, by wearing this band to show your support for the Lance Armstrong Foundation and our goal to enhance the quality of life for those people living with cancer."

Es soll statt dessen um Fragen gehen wie diese: Weshalb dauerte es so lange, bis das wirklich Entscheidende an dieser auf eine Galionsfigur zugeschnittenen, medienwirksamen Ereigniskette erkennbar wurde? Warum ließ sich das weitreichende Gewirr der Täter und das Ausmaß dessen, was Armstrongs unablässige Verfälschung der Wahrheit andere kostete, so schwer enthüllen und übersichtlich darstellen? Und warum waren ausgerechnet jene die gebrandmarkten Übeltäter, die sich gegen ihn stellten und ihren Beitrag leisteten, seine Lügen bloßzustellen?

Wir landen damit übrigens unweigerlich bei einer weiteren Frage: Weshalb kamen so viele Mitwisser und Mittäter ohne eine adäquate Strafe davon?

Hajo Seppelt ist der erfolgreichste Journalist in Sachen Doping der letzten Jahre. Nicht nur in Deutschland. Weltweit. Er hat viele Fälle ans Licht der Öffentlichkeit gebracht und ist vor allem für die Aufdeckung des staatlichen Doping-Systems in Russland verantwortlich. Er hatte schon früh einen Begriff für das verzerrte Bild gefunden, das die Medien aus dem komplexen Doping- und Betrugsfall herausgeschnitten hatten und das die Wahrheit entstellte. Es war ein Begriff aus der Kriminalwissenschaft: die Einzeltäter-Theorie.

Eine sehr praktische Theorie. Aber in diesem Milieu von Anfang an kontraproduktiv und irreführend.

Im Doping mögen einzelne Sportler für sich selbst die Verantwortung übernehmen und die Doping-Regeln ignorieren. Aber es handelt sich nicht um Einzeltäter. Doping im Hochleistungssport ist organisierte Kriminalität mit zahllosen Helfern und Mitwissern. Es erfüllt fast alle Kriterien, wie sie von der *Gemeinsamen Arbeitsgruppe Justiz/ Polizei* schon 1990 zusammengetragen wurde, um den Begriff zu verdeutlichen, den man sonst in anderen Bereichen des gesellschaftlichen Lebens benutzt: „Organisierte Kriminalität ist die von Gewinn- oder Machtstreben bestimmte planmäßige Begehung von Straftaten, die einzeln oder in ihrer Gesamtheit von erheblicher Bedeutung sind, wenn mehr als zwei Beteiligte auf längere oder unbestimmte Dauer arbeitsteilig a) unter Verwendung gewerblicher oder geschäftsähnlicher Strukturen, b) unter Anwendung von Gewalt oder anderer zur Einschüchterung geeigneter Mittel oder c) unter Einflussnahme auf Politik, Medien, öffentliche Verwaltung, Justiz oder Wirtschaft zusammenwirken.“

Doping geschieht planmäßig, mit mehr als zwei Beteiligten und nutzt gewerbliche Strukturen und Einschüchterung als Arbeitsmittel.

Einer, der dies schon früh erkannte und dann auch zugab, war Jörg Jaksche gewesen, der Radfahrer, der nachdem er erwischt worden war, 2007 zum Kronzeugen wurde. Er sagte im *Deutschlandfunk*:

JÖRG JAKSCHE: „Der Sportler ist austauschbar. Es gibt ganz viele junge Radfahrer, die Radprofis werden wollen. Und die wechseln durch. Einer ist positiv, es kommt der nächste, es wird der nächste verpflichtet.“

Jaksche war gesperrt worden, hatte ausgepackt, aber bekam nach seiner Rückkehr keine Arbeitsmöglichkeiten im Radsport mehr. Er hatte eine unsichtbare Linie übertreten, die seine Kollegen aufrechtzuerhalten versuchten. Sie konnten auf diese Weise nämlich der Suche nach der Wahrheit, der ganzen Wahrheit, einfach aus dem Weg gehen.

Keiner hat dies so geschickt und so erfolgreich getan wie Jens Voigt, zwischendurch Sprecher des Verbandes aller Radprofis – der *Cyclistes Professionnels Associés*. Voigt war in seinen achtzehn Jahren unter all den anderen gedopten Fahrern nie bei einem Test durchgefallen, was den Radsportjournalisten Tom Mustroph dazu brachte, auf *Zeit Online* die Vermutung in den Raum zu stellen, Voigt sei womöglich „gerissener als Lance Armstrong" gewesen. Der tat zum Beispiel selbst noch im Mai 2007, nachdem die Arbeit des spanischen Doping-Doktors Eufemiano Fuentes aufgeflogen war, im *Aktuellen Sportstudio* des *ZDF* gegenüber der Moderatorin Katrin Müller-Hohenstein so, als ob das Ammenmärchen vom Einzeltäter im Radsport eine schlüssige Erklärung wäre:

KATRIN MÜLLER-HOHENSTEIN: „Glauben Sie denn tatsächlich noch immer an diese einzelnen schwarzen Schafe?"

JENS VOIGT: „Was bleibt mir anderes übrig? Natürlich glaube ich daran. Sonst müsste ich ja sagen, okay, wir müssen jetzt den Laden dicht machen. Also, so weit bin ich noch nicht. Nein."

Solche Aussagen trugen mit dazu bei, die Arbeit zu erschweren, um die es wirklich ging: Nicht nur darum, ein paar Missetäter zu ertappen, sondern das gesamte Getriebe mit seinen vielen ineinander greifenden Zahnrädern zu enthüllen.

Das Verhalten von Voigt bei solchen Gelegenheiten war dubios. Aufgewachsen im dopingverseuchten DDR-Sportsystem und in der schlimmsten Zeit des Radsports aktiv, behauptete er nicht nur standhaft immer wieder, nichts mitbekommen, sondern selbst niemals irgendwelche verbotenen Mittel auch nur ausprobiert zu haben. Er attackierte schließlich Tyler Hamilton, einen Fuentes-Kunden, nachdem dessen Buch erschienen war, in dem das gesamte System aufgefächert wurde. Voigt nannte Hamilton einen Lügner, als wäre dies ein zwingender Vorwurf gegen jemanden, der selbstverständlich zunächst gelogen, aber dann gründlich über seine betrügerische Vergangenheit nachgedacht und schließlich ausgepackt und alles enthüllt hatte, was er wusste.

Ich traf Hamilton damals nach einem der Verbalangriffe an seinem Wohnort in Montana:

JÜRGEN KALWA: „He called you a liar. Yesterday."

TYLER HAMILTON: „I used to lie a lot. And I lied for a long time. I cheated. I did all these things, you know. Jens was riding through the darkest period in the history of cycling. Jens, he is friendly. There were some years that I was friendly with him. He made me laugh many times...He did say, his soulmate, his best friend, he said ,soulmate', was Bobby Julich. Bobby Julich made it to at least two years of doping. Don't soulmates tell each other secrets like that? I don't know. To me the fact that he says he doesn't know anything, never heard anything, never saw anything I find it hard to believe...I can't imagine that he didn't make mistakes and cross the line. I can't imagine that he staid on the right track the whole time. A lot of good people, good, honest people made the wrong decision. Myself included."

„Er hat Sie gestern einen Lügner genannt."

„Ich habe oft gelogen. Und das eine lange Zeit. Ich habe betrogen. Jens war in der dunkelsten Zeit des Radsports dabei. Er hat gesagt, sein bester Freund, sein ,Seelenverwandter' war Bobby Julich. Der hat wenigstens zwei Jahre lang gedopt. Teilen Seelenverwandte einander nicht Geheimnisse mit? Ich kann nicht glauben, dass er nichts weiß, nie etwas gehört hat, nie etwas gesehen hat. Dass er keine Fehler begangen hat und nie über die Grenze des Erlaubten gegangen ist. Viele gute, ehrliche Leute haben das getan und die falschen Entscheidungen getroffen. Mich eingeschlossen."

Das Getriebe enthielt nämlich viele Differentiale. Es wirkte von außen labyrinthisch verworren und schwer zu durchschauen. Und wer belegen wollte, was hinter der Mauer aus Schweigen und aus dem ständigen Bagatellisieren, Kaschieren und Beschwichtigen passierte, dass es nämlich ganze Netze aus Handlangern und Mittätern gab, der brauchte mehr als nur die eine oder andere positive Doping-Probe als Beleg. Der brauchte schlichtweg die Autorität von Polizei und Justiz, die Drogen, Blutbeutel und Dokumente beschlagnahmen konnten, um das betrügerische Geschehen als das darzustellen, was es war. Und selbst das hatte meistens keinen durchschlagenden Erfolg. Als Jan Ullrich im Zuge der Ermittlungen der spanischen Polizei gegen Dr. Eufemiano Fuentes 2006 von der *Tour de France* ausgeschlossen wurde, spielte er der Welt Schock vor:

JAN ULLRICH: *„Na gut. Das einzige, was ich sagen kann, ist, dass ich geschockt bin. Dass ich nach wie vor nichts mit diesen Sachen zu tun habe. Dass ich Opfer jetzt bin, einfach. Ich bin absolut unter Schock und werde ein paar Tage für mich brauchen und werde dann mit meinem Anwalt versuchen, meine Unschuld zu beweisen."*

Nichts als die Wahrheit? Keineswegs – wie die Staatsanwaltschaft in Bonn hinreichend demonstrieren konnte.

STAATSANWALT FRIEDRICH APOSTEL: *„Wir haben Proben entnommen. Es waren insgesamt neun Proben, also aus neun Blutbeuteln Proben entnommen worden. Die sind jetzt in Düsseldorf beim Landeskriminalamt medizinisch gutachterlich untersucht worden. Es*

steht zweifelsfrei fest, dass dieses Blut von der DNA her identisch ist
mit der Speichelprobe von Herrn Ullrich."

Eine derartige Aufklärung hatten die Medien noch nie leisten können und konnten sie auch diesmal nicht übernehmen. Ein Nachteil, den man akzeptieren muss, ohne sich selbst daraus pauschal einen Vorwurf zu machen. Bei einem anderen Aspekt wäre eine kritische Selbstbefragung allerdings mehr als angemessen: Wenn es um den Personenkult geht, den die Medien fördern und in ihnen wir Journalisten. Eine Mechanik, in der es an einer Haltung fehlt, was dazu führt, dass selbst dann, wenn die ersten Recherchen einen dringenden Aufklärungsbedarf signalisieren, man lieber solchen Fragen aus dem Weg geht wie: Wo sind die noch immer fehlenden Bruchstücke und Mosaiksteine einer massiven, mafiaartigen Verschwörung? Wer kann uns helfen, das umfassende Bild einer der größten Betrugsmaschinerien zu zeichnen, die der Sport je erlebt hat?

Es gab in den Medien viel zu viele, die so tickten wie Jens Voigt. Die lieber naiv taten und gar nicht erst wissen wollten, was wirklich los war. Allesamt dadurch mitverantwortlich für den größten Betrugsskandal in der Geschichte des Radsports und bis zu den Enthüllungen über das systematisch betriebene Staatsdoping in Russland sicher auch im gesamten Sport.

Bleiben wir deshalb noch einen Augenblick bei uns, bei den Medien, die damals – gemeinschaftlich – auch deshalb versagten, weil wir an einem anderen, grundlegenden und sehr bedauerlichen Defizit leiden. Es gehört zu unseren größten Mängeln, dass wir traditionell mit Hingabe komplexe Sachverhalte auf einfache Tatbestände herunterkürzen. Mal geht es um eine einzelne Figur. Mal um einen spezifischen Konflikt. Mal um einen bestimmten Schauplatz. Wir wollen uns und unseren Lesern, Zuschauern oder Zuhörern nach Möglichkeit gar nicht erst der Anstrengung unterziehen, eine vielschichtige Realität verstehen zu wollen. Dafür müsste man sie nämlich notgedrungen viel nuancierter beschreiben. Und das ist mühsam. Worauf wir deshalb selbst dann verzichten, wenn kriminelle Netzwerke vor unseren Augen ein einziges surreales Theater inszenieren und sich die metastasenhafte Ausbreitung der *Fakehaftigkeit* sehr leicht nachvollziehen lässt. Alle jüngeren Korruptionsfälle im Sport – sei es in der FIFA oder im Weichbild des IOC oder in der Leichtathletik – stellen uns jedes Mal aufs Neue vor diese Herausforderung.

David Walsh sah gerade dies schon immer als seine Kernaufgabe an.

DAVID WALSH: „My mindset was, if I don't stand up for the guys who are riding clean, I must take my journalist' badge and burn it. Because if I am not on the side of the guys who are doing things correctly, well, find another job, where you don't have a moral dilemma to be on the side of he cheat. I couldn't be on the side of the cheat, in my eyes. Where was the satisfaction of that? In 2001, after I had written quite a lot of stuff against Armstrong, his lawyer Bill Stapleton came to me in the press room at the Tour de France *and said, ‚David, we don't like what you are writing.' And I said, ‚Bill, well, it's what I believe.' And he said, ‚if you changed your attitude we could give you access to Lance.' I said, ‚Bill, I am not going to change my attitude here.' And he said, ‚if you don't change your attitude we will be reading everything you write and we will come after you.' And I said, ‚Bill, is that a threat?' He said, ‚damn right, it's a threat.' Bill Stapleton has never been asked to account for his behavior. How much he knew. He was Armstrong's manager. He was a former member of the United States Olympic Committee Ethics Committee. He has never had to explain what he knew, what he didn't know. I'd like to see him, one day, have to explain. He was part of it. As much as Armstrong was part of it. As much as Armstrong earned money from it. So did Bill Stapleton."*

„Meine Einstellung war: Wenn ich mich nicht für die Leute einsetze, die sauber sind, dann kann ich gleich meinen Presseausweis verbrennen. Dann muss ich einen anderen Job finden, wo man nicht dieses moralische Dilemma erlebt, dass man auf der Seite der Betrüger steht. 2001, als ich eine Menge gegen Armstrong geschrieben hatte, kam sein Anwalt Bill Stapleton im Pressezentrum der *Tour de France* auf mich zu und sagte: ,Uns gefällt nicht, was du schreibst'. Ich sagte: ,Bill, das ist das, was ich glaube'. Er sagte: ,Wenn du deine Haltung änderst, können wir dir Zugang zu Lance geben'. Ich sagte: ,Bill, ich ändere meine Haltung nicht.' Er sagte: ,Falls nicht, werden wir jedes Wort lesen, das du schreibst, und hinter dir her sein.' Ich sagte: ,Bill, ist das eine Drohung?' Er sagte: ,Verdammt noch mal, ja, das ist eine Drohung.' Bill Stapleton wurde bis heute für sein Verhalten nicht zur Rechenschaft gezogen. Er war Armstrongs Manager. Und ein ehemaliges Mitglied des Ethikkomitees des Nationalen Olympischen Komitees der USA. Er musste nicht erklären, was er wusste und was er nicht wusste. Ich sähe gerne, dass dies eines schönen Tages passiert. Er war ein Teil vom Ganzen. So wie Armstrong auf diese Weise Geld verdient hat, so hat auch Bill Stapelton Geld verdient."

Der Journalist Hajo Seppelt hat viele illegale Praktiken im Radsport ans Tageslicht gefördert. Wie etwa die Indizien dafür, dass Jan Ullrich über Jahre Kunde des spanischen Doping-Arztes Eufemiano Fuentes war. Er beschrieb das Dilemma, das nicht nur Journalisten erfasste, in einem unserer Gespräche so:

HAJO SEPPELT: „Da gab es genug, die geschwiegen haben. Die quasi kollaboriert haben mit Armstrong. Die davon auch profitiert

*haben. Und es ist schon so, dass wir in der öffentlichen Wahr-
nehmung dazu neigen, dieses auszublenden, aber damit natürlich auch
die strukturellen Probleme, die mit dem Doping-Missbrauch verbunden sind, ein Stück weit außer Acht lassen. "*

Deshalb war es umso wichtiger, all die Energie aufzuwenden und
aufzudecken, was man aufdecken konnte. Etwas, was er auch zum
Thema Armstrong in der *ARD* intensiv betrieb.

*HAJO SEPPELT: „Es war völlig richtig, sich in diese Geschichte,
wenn man so möchte, zu verbeißen. Weil sie unglaublich viel Substanzielles geliefert hat. Weil sie gezeigt hat, wie Strukturen konspira-
tiv über Jahre, ja, man kann fast sagen, Jahrzehnte funktioniert haben.
Da war der Fall Armstrong mit all seinen Weiterungen ein hervorra-
gendes Beispiel, um zu dokumentieren, wie es im Spitzensport und insbesondere Radsport über lange Zeit aussah. "*

In Amerika gibt es in den Medien die Tendenz, eine umfassende
Darstellung von derart unübersichtlichen Konstellationen mit vielen
unterschiedlichen Akteuren und Charakteren, als *morality play* zu bezeichnen. Es ist ein Begriff, den man gerne benutzt, ohne lange über
den Sinn des Etiketts nachzudenken, wenn es darum geht, einen Fall
aus dem Bereich Recht, Moral und Ethik mit ein paar Pinselstrichen
aufzumalen.

Hilfreich war dies noch nie.

Das lässt sich übrigens leicht illustrieren, wenn man weiß, dass
derselbe Begriff früher in Deutschland hauptsächlich als Bezeichnung
für einen Typ von Theaterstück im Umlauf war. Man nannte sie
Moralitäten. Die wiesen vor allem eine Besonderheit auf: ein einfa-
ches Strickmuster. Ihr Anliegen war es nicht, zu informieren oder zu
erklären, sondern ganz schematisch eine einzige Botschaft zu verkün-
den: Dass die Welt eigentlich in Ordnung ist. Eine Welt, in der am En-

de, wenn der Vorhang fällt, die tugendhaften Akteure das Übel jedes Mal besiegt haben.

Wer an so etwas glauben mag, der sei herzlich dazu eingeladen, es zu tun. Aber er sei gewarnt: Dass die Tugend siegt, das ist beim besten Willen nicht die Moral *dieser* Geschichte.

Auch wenn Bob Hamman und seine Firma am Ende vergleichsweise gut aus der Nummer herauskamen. Als Lance Armstrong 2013 im Fernsehen seine Doping-Vergangenheit öffentlich eingestand, machte sich Jeff Tillotson erneut an die Arbeit. Das Timing war ideal. Denn damals hatte Armstrong noch viel Geld und konnte größere Schuldensummen ziemlich leicht begleichen.

Dasselbe Schiedsgericht, das 2006 die Akten geschlossen hatte, griff den Fall vor allem aus einem Grund wieder auf. Es verband seine endgültige Entscheidung zu Gunsten von *SCA* – eine Geldstrafe von 10 Millionen Dollar – und die Rückzahlung aller an Armstrong gegangenen Bonusausschüttungen mit einer klaren Ansage in Sachen Moral: „Meineid darf sich nie lohnen."

Angenehm für Lance Armstrong war: Es wurde Ratenzahlung vereinbart. Die letzte über 2,1 Millionen Dollar wurde erst im März 2017 fällig.

Das Gericht fügte seiner Entscheidung eine Einschätzung hinzu, die so brutal wie unmissverständlich war: Die Causa sei „der hinterhältigste noch laufende Betrugsfall, den es je in der Geschichte des Sports gegeben hat".

Wer jedoch bestraft die Mittäter? Wer maßregelt die Menschen, die dies alles erst möglich machten?

Unglaublich. Erstaunlich

Meine Erinnerung an den Sommer, als ich zum ersten Mal mit Lance Armstrong zu tun bekam, ist ziemlich blass. Die Ereignisse liegen schließlich eine ganze Reihe von Jahren zurück. Eigentlich besteht sie nur aus ein paar alltäglichen Sätzen in einem kurzen, alltäglichen Telefonat.

Den Zeitpunkt zu bestimmen, ist einfacher. Es war der Juli 1999.

Drüben in Europa am Telefon: der Redakteur, ein Radsportspezialist und unverhohlener Fan, damals noch verfangen in der Idee, dass es so etwas geben könnte wie die Auferstehung eines Athleten von den Fasttoten bis hinauf an die Weltspitze. Und der auch Jahre später noch eine erstaunliche Vorliebe für eine idealisierte Vorstellung vom Ethos des unbelasteten Sportlers besaß, wie aus dem Bericht einer Zeitung über eine Veranstaltung hervorging, an der er teilnahm. Der Glaube an das Gute im Athleten war ihm nicht abhanden gekommen: „Mein Gerechtigkeitsgefühl sagt mir: Es ist irgendwie unfair, dass das Thema Doping auf dem Buckel der Radrennfahrer ausgetragen wird."

Ich, der freie Journalist und beruflich in Amerika mit einer ganzen Reihe völlig unterschiedlicher Sportarten beschäftigt, nicht nur von Berufs wegen Agnostiker, nirgendwo persönlich investiert und deshalb ganz und gar unbeeindruckt von den Nachrichten über Lance Armstrong, interessierte mich hingegen nur mäßig für das Image eines Athleten, der beim härtesten Wettbewerb in seiner Disziplin – der *Tour de France* – kurz zuvor den Prolog gewonnen hatte.

Das lag vielleicht auch daran, dass ich mich ein Jahr zuvor in einem Buch über Tiger Woods bereits ausführlich mit einem jungen, neuen Typus von Medienhelden beschäftigt hatte und in diesem Zusammenhang unter anderem mit der ungewöhnlichen Konstellation eines schwarzen Amerikaners, dem es gelungen war, sich in einer weißen Sportart wie Golf als Aspirant für die Rolle der Vorzeigefigur zu empfehlen. Ob und wie der dunkelhäutige Woods zum Selbstverständnis eines mehrheitlich weißen Landes passte, in dem es Millionen weißer, relativ gut betuchter Amateurgolfer gab, war eine reizvolle gesellschaftspolitische Ausgangsfrage, die sich später aufgrund der erstaunlichen Karriere des Politikers Barack Obama erneut stellen sollte.

Athleten können unter bestimmten Bedingungen durchaus so etwas wie Wegbereiter für die Entwicklung allgemeiner gesellschaftlicher Prozesse und Strömungen sein. Wozu gehört, dass sie zur Projektionsfläche für ein allgemeines Unbehagen werden können, das aus einem Verständnis für grundlegende Verhaltensmaßregeln gespeist wird.

Deshalb drohen ihnen auch solche gesellschaftliche Sanktionen, wie das irgendwann Tiger Woods passierte. Zwar hatte er nicht im Sport und nicht auf dem Golfplatz betrogen, sondern in seinem Privatleben. Aber dort war er nachgerade exzessiv gewesen.

Niemand wäre 1999 auf den Gedanken gekommen, einen direkten Vergleich zwischen den beiden zu ziehen – zwischen dem Golfer und dem Radfahrer. Dafür war es noch zu früh. Aber im Rückblick lässt sich aufzeigen, dass es Parallelen gab und wo sie lagen. Sie bestanden unter anderem aus der unsachgemäßen und undifferenzierten Darstellung der Medien und einer von ihnen ausgelösten, überschwänglichen Reaktion des Publikums auf eine Idee: Im Fall von Lance Armstrong handelte es sich darum, dass ihm im Rahmen seiner Krebsbehandlung offenbar etwas scheinbar Unmögliches gelungen war: eine Art von modernem Wunder. Dieses angebliche Wunder prägte die Faszination der Massen.

Wie sich herausstellen sollte, besaß Armstrong tatsächlich eine seltene Begabung, nämlich als erfolgreicher Sportler für allerlei emotionale Bedürfnisse seiner Landsleute als ideale Projektionsfläche zu fungieren. Das reichte weit. „Es gab einen Nationalstolz, als es um die Anschuldigungen gegen ihn ging," schrieb das Wirtschaftsmagazin *Forbes* 2013 über die durch die Popularität von Armstrong herangewachsene neue amerikanische Radsport-Fangemeinde und ihre Haltung gegenüber einer am Anfang nur aus Europa kommenden, kritischen Berichterstattung. „Wer ihn mit Doping-Vorwürfen verleumdet, verleumdet Amerika."

Armstrong war jemand, der sich im Milieu des kommerziellen Sports ähnlich wie Woods nicht nur durch Leistung von der Konkurrenz abzuheben verstand. Er besaß so wie der Golfprofi eine Ausstrahlung, die sich mit Hilfe des Fernsehens relativ leicht inszenieren und verbreiten ließ. „Charisma für Millionen" hatte ich dieses Phänomen im Titel meines Buches über Woods genannt.

Man sollte nicht unterschätzen, dass so etwas mit Hilfe des passenden Subjekts durchaus fabriziert werden kann. Das galt für den Radfahrer ebenso wie für den Golfspieler, die beide sicher nicht ganz zufällig von einer einzigen Firma vermarktet wurden. Es handelt sich dabei um den Sportausrüster *Nike*, der das erwähnte Ausstrahlungspotenzial von Sportlern ausschlachtet und es mit kreativen Kampagnen um ein Vielfaches intensiviert. In dem er sie als aufsässige Individualisten präsentiert, deren Wettkampfstärke und deren Willen und deren Geschichten vom gesellschaftlichen Aufstieg anstacheln, antreiben, Mut machen.

Dass man nicht nur als Endverbraucher, sondern auch als Journalist auf solche Impulssteuerungen zum Verkauf schnöder Sporttextilien und Schuhe hereinfiel, dass man beeinflussbar war und solch dicken Lügen aufsitzen konnte, hätte man 1999 überall in den Medien vermutlich weit von sich gewiesen. Nur wenige sahen, wohin sich die Konzeptidee einer inszenierten, von einfallsreichen Verführern ins Bild gesetzten Sportlerfigur entwickelte.

Da Radsport populär war und noch immer ist, war das Ausgangsinteresse an den Reaktionen auf Armstrongs erste Erfolge bei der *Tour de France* durchaus legitim. Auf welche Weise Millionen bis dahin völlig ahnungslose und uninformierte Menschen in seiner Heimat die Erfolgsnachrichten aus dem fernen Frankreich quittierten und wie sie mit dem Leitmotiv umgingen, das bereits skizzenhaft diesen Sportler auf dem Weg zu einer mythenhaften Figur präsentierte, war schließlich etwas Neues. Ein ureigenes Phänomen.

Im amerikanischen Fernsehen klang das so:

PHIL LIGGETT: „*... well, he is scorching it at all the time checks. What a comeback this could be. There's only two men behind him, now. Armstrong is the leader and we have to wait. 8:02.5, that is astonishing.* "

PAUL SHERWEN: „*Unbelievable, Phil. 50.7 kilometers now. That's nearly 32 miles an hour.* "

„Erstaunlich", so nannte der Kommentator Phil Liggett das Tempo, das Lance Armstrong an diesem Julitag im Einzelzeitfahren auf einer knapp sieben Kilometer langen Strecke in der Vendée im abgelegenen Westen Frankreichs gegangen war.

„Erstaunlich", sagte er, der Engländer, der seit Jahren für das amerikanische Fernsehen über Radsport berichtet. Und sein Partner am Mikrofon steigerte noch: „Unglaublich."

Wohl wahr, unglaublich.

Doch so gut wie alle wollten es glauben. Denn es wirkte verführerisch schön. Wie gemacht für dieses aus einer Fantasiewelt herbeifabulierte Gefühl, das schon James Baldwin beschrieben hatte. Der amerikanische Schriftsteller hatte in seiner Beschäftigung mit der Arbeit der Filmindustrie an deren Output „etwas wirklich Angsteinflößendes über den amerikanischen Sinn für Realität" ausgemacht. Es war für jemanden, der in den Vereinigten Staaten lebt, nicht schwer zu erkennen. Dieses Phänomen war keineswegs auf die Kinowelt beschränkt und auch nicht auf die Epoche, in der Baldwin lebte.

Das Medium Fernsehen hat seit jener Zeit die Darstellungsdimensionen und die Narrativkultur des Kinos Zug um Zug verfeinert. Parallel konnten prominente Sportler den gesellschaftlichen Raum entern, den vorher – nahezu exklusiv – glamouröse Leinwand- und Popmusik-Figuren besetzt hatten.

Bewegte Live-Bilder vom Sport schaffen enorme Reichweiten. Das Problem daran ist nicht ihr Unterhaltungscharakter per se, sondern dass ihre Macher gerne so tun, als präsentierten sie Millionen von Betrachtern sachorientierte Informationen und würden mit diesen Informationen gelegentlich sogar eine kritische Unruhe auslösen. Das Gegenteil ist der Fall. Was Live-Sport im Fernsehen tendenziell fördert, ist nicht die Analyse, sondern eine dumme Zuversicht und Vertrauen gegenüber allem, was die abgebildete Oberfläche zeigt. Als sei das, was wir sehen, das Eigentliche. Und nicht das, was hinter der Fassade abläuft.

Die Sport-Show im Fernsehen ist alles andere als wertneutral. Sie ist das applausheischende Cheerleadertum par excellence, von privatwirtschaftlichen, auf Quote schielenden Sendern in den Vereinigten Staaten entwickelt und kultiviert. Und damit Teil jener „hyperrealen

Ordnung und einer Ordnung der Simulation", wie sie Jean Baudrillard in seinem empfehlenswerten Buch *Amerika* skizziert hat. Lance Armstrong passte vorzüglich in dieses große Hologramm, in dem sogar der Alltag cineastisch angelegt und inszeniert ist. „Die Amerikaner selbst haben kein Verständnis für Simulation", so Baudrillard, der französische Medientheoretiker, Soziologe und Philosoph. „Sie sind ihre perfekte Konfiguration, aber sie haben keine Sprache dafür, da sie selbst das Modell sind."

Armstrong in diese Konfiguration zu platzieren, gelang amerikanischen Medien beinahe aus dem Stand – und zwar mit Hilfe einer absurden Art der Anteilnahme, die dem Eigentlichen, dem sportlichen Ereignis selbst, gar nichts Substanzielles abzugewinnen vermochte. Im Gegenteil. In den USA sah man in Lance Armstrong weniger den Radsportler, sondern vor allem einen Rekonvaleszenten. Eine Ausnahmeerscheinung, die sich auf wundersame Weise von einer schweren Krebserkrankung erholt hatte.

Weshalb sich auch – um nicht zu sagen: gerade deshalb – solche Menschen in den Vereinigten Staaten angesprochen fühlten, die nicht die geringste Ahnung vom Radsport hatten. Was das Thema für meinen allerersten Armstrong-Text war, der am Tag nach dem Gespräch mit dem Redakteur im Züricher *Tagesanzeiger* erschien.

Auszug:

„Selbst zwei Jahrhunderte nach der Entwicklung des Velos steht der durchschnittliche Amerikaner dem Prinzip des Etappenrennens ratlos gegenüber. Die *Tour de France* ist ‚eines unserer großen sportlichen Mysterien', gab die *Philadelphia Daily News* vor ein paar Tagen zu, als sich Lance Armstrong an die Spitze setzte: ‚Wir sind von den Bildern beeindruckt, aber wir lieben sie nicht. Wir können die Anstrengungen erkennen, aber wir verstehen sie nicht.'"

Was die Phantasie erklärte, mit der einige Berichterstatter zu Werke gingen. Wie in in dieser Passage in der Zeitung *USA Today*, die ich bei der Gelegenheit ebenfalls zitierte: „Vor über 2200 Jahren begann Hannibal, der Karthager, seine Attacke auf die Alpen. Am Dienstag hat Lance Armstrong, der Texaner, mit seinem Angriff auf die Alpen begonnen."

Ich sagte: So gut wie alle wollten glauben. Aber das ist nicht korrekt. Schon vier Tage später machte eine andere Nachricht die Runde. Armstrong, der nach den ersten beiden Tagen im gelben Trikot des Spitzenreiters die Führung wieder verloren hatte, war bei der Urinprobe nach der zweiten Etappe positiv auf eine leistungsfördernde Substanz namens Kortison getestet worden. Das Resultat kam nur durch eine Indiskretion an die Öffentlichkeit.

Armstrong tat so, als sei dies keine Sache von Bedeutung. Wenn einer überhaupt ein Problem habe, dann sei es die französische Zeitung *Le Monde*, sagte er. Die Beschuldigung hatte einen logischen Fehler: Das seriöse Blatt hatte den Befund nach intensiven Recherchen vermeldet und der wurde von niemandem bestritten. Armstrong unterstellte der Redaktion deshalb sicherheitshalber fremdenfeindliche Motive. Franzosen hätten wahrscheinlich einfach etwas dagegen, dass ein Amerikaner ihre Tour gewinnt, meinte er.

LANCE ARMSTRONG: „In one of the controls there was in fact some minute traces of cortisone that was due to the fact that I was using a skin cream. When I say minute, I mean, extremely minute, so minute that the day before there was absolutely nothing in there."

Kortison, ja, aber nur minimalste Spuren davon, erklärte Armstrong einem Fernsehreporter. Das liege an einer Creme, die er gegen die Beschwerden einer wundgescheuerten Haut benutze.

LANCE ARMSTRONG: „My performances did not make them very happy, anyway. So if Lance Armstrong uses a skin cream for what we call a saddle sore and the skin cream has a bit of cortisone in it and shows minute traces, Le Monde *calls it a doping story."*

Normalerweise bedeutet ein solches Doping-Testergebnis den sofortigen Ausschluss. Aber es gab Menschen, die wussten, wie man das verhindern konnte: Mit einer zurechtgedokterten Geschichte, die der Weltverband gerne akzeptierte. Armstrong ließ sich ein rückdatiertes Rezept ausstellen, durch das aus einem seit Beginn der 99er Saison erstmals verbotenen Wirkstoff ein legales, ärztlich abgesegnetes Heilmittel wurde.

Es war selbst für Außenstehende relativ leicht zu erkennen, um was für ein Manöver es sich handelte. Man musste nur einen Blick auf das Protokoll der Doping-Probe werfen. Weshalb – ebenfalls im *Tagesanzeiger* – Dominique Eigenmann darüber berichtete. Er, heute Deutschland-Korrespondent der Zeitung mit Sitz in Berlin, hatte in jenen Jahren häufiger die *Tour de France* begleitet und kannte sich mit vielen Dingen sehr gut aus. Auch mit dem Regelwerk. Es klang kompliziert. Aber das war es nicht.

DOMINIQUE EIGENMANN: „Dort steht nämlich (Artikel 43, Kapitel 4, Abschnitt 14), dass jede Anwendung von Medikamenten, die auf der Doping-Liste stehen, auf dem Protokoll der Doping-Probe zwingend vermerkt werden müsse. Armstrong hatte in dieser Rubrik – gemäss Le Monde *– aber notiert: ‚Medikamente: keine.' Das Reglement sagt weiter: Wenn ein Athlet keine dopinghaltigen Substanzen deklariert, das Kontrolllabor aber solche findet, dann gilt das Resultat seiner Probe als positiv, und zwar auch dann, wenn der Sportler im Nachhinein noch ein ärztliches Attest vorweisen sollte."*

1999 war das. Neunzehnhundert-fucking-neunundneunzig.

Da hätte ein Verband nur seine Regeln anwenden müssen, um den Sportbetrüger Lance Armstrong aus dem Verkehr zu ziehen. Er wäre ausgeschlossen worden, noch ehe das ganze Lügengebäude errichtet werden konnte. Ein Gebäude, an dem damals allerdings viele bastelten. Darunter die Firma *Nike*, die wenig später mit diesem Werbespot und Armstrongs Hilfe die Zweifler gezielt verhöhnte:

LANCE ARMSTRONG: „This is my body. And I can do whatever I want to it. I can push it. Study it. Tweak it. Listen to it. Everybody wants to know what I'm on? What am I? I'm on my bike. Busting my ass. Six hours a day."

„Jeder will wissen, auf was man mich gesetzt hat. Ich sitze auf meinem Fahrrad, reiße mir den Arsch auf. Sechs Stunden am Tag", sagte er und spielte mit einem Sprachbild, das ausnahmsweise sowohl auf Englisch als auch auf Deutsch in seiner doppelten Bedeutung funktioniert – für die Verordnung von Arzneimitteln und für den Ritt auf einem Rad.

Viele Jahre später versteht man das natürlich alles viel besser. Nachdem das Gebäude zusammengekracht ist. Was man aber nicht versteht: Warum ganz viele der Mitwisser und Mittäter noch immer so tun dürfen, als hätten sie nicht eine wichtige Rolle dabei gespielt, um mit ihren eigenen Lügen den Radsport und die Öffentlichkeit konsequent zu betrügen?

Dies ist die Geschichte, die diesem Komplex ausführlich nachgeht, weshalb in ihr viele Menschen zu Wort kommen, die einen Einblick in die Verhältnisse hatten. Ich hatte im Laufe der Zeit die Gelegenheit, einige von ihnen zu treffen. Denn nur mit Lesen und Auswerten amerikanischer Zeitungen – so wie am Anfang – war es irgendwann nicht mehr getan. Ich habe mit geständigen Dopern geredet wie Floyd Landis und Tyler Hamilton. Mit Journalisten wie David

Walsh und Juliet Macur, durch deren lange, zähe Aufklärungsarbeit die Schlinge um den Hals von Armstrong immer enger wurde. Und mit Opfern wie dem ehemaligen Mannschaftsgefährten Frankie Andreu, der am eigenen Leib erfahren musste, was es bedeutet, einem Sportbetrüger wie Armstrong in die Quere zu kommen.

FRANKIE ANDREU: „*He sued a lot of people and destroyed a lot of people. Once you kind of get a hint of what he is capable of, there is a lot more people who just remained silent. I believe, there is still a lot of people out there who suffered damage that have never said anything. They just remained silent, because they didn't want to get involved. They have seen what happened to other people. It's a shame, but I don't blame them.*“

„Er hat viele Leute verklagt und viele Leute ruiniert. So mancher, der das gesehen hat, hat lieber geschwiegen. Es dürfte einige geben, die geschädigt wurden, aber nichts gesagt haben. Eine Schande. Aber man kann ihnen das nicht vorwerfen.“

„Say Hi to Juliet"

Wir trafen uns in einem Café in Washington, in einer Gegend in der Nähe des politischen Zentrums der Vereinigten Staaten, wo sich Gebäude wie das Weiße Haus und das Capitol befinden, der Sitz des Obersten Gerichtshofs und das *Federal Courthouse,* in dem der *United States District Court for the District of Columbia* residiert.

Im Bundesbezirksgericht der aus den USA herausgeschnittenen besonderen politischen Einheit namens District of Columbia, abgekürzt D. C., werden viele Fälle verhandelt, die die Arbeit der amerikanischen Regierung betreffen.

Hier landete auch die Sache des *United States Postal Service* gegen Lance Armstrong, in dem es um Schadenersatz von fast 100 Millionen Dollar ging. Der Fall mit dem Aktenzeichen *1:10-cv-00976* kokelte von 2010 an in einem zähen Verfahren langsam vor sich hin.

In dieser Gegend lebt Juliet Macur, die Sportkolumnistin der *New York Times,* schon seit ein paar Jahren. Sie war allerdings nicht nach Washington gezogen, um sich mit den juristischen Nachwehen eines der größten Betrugsskandale in der Geschichte des Sports zu beschäftigen. Die Ortswahl hatte private Gründe und wurde freundlicherweise von der Zeitung toleriert. Kolumnisten haben bei der *New York Times* einen besondern Status und sehr viele Freiheiten.

Es war nach einem langen, zähen Winter endlich Frühling geworden. Die Zeit vier Jahre nach der von Floyd Landis ins Laufen gebrachten Enthüllungskampagne. Die Zeit, als ihr Buch *Cycle of Lies* auf den Markt gekommen war.

In ihm hatte sie den Fall Lance Armstrong auf ihre Weise abgearbeitet: gründlich, verbindlich und mit einer Beschreibung des Mannes im Zentrum der Geschichte als der Pathologie einer erfolgreichen Sportlerpersönlichkeit. Ihr waren damit einige Dinge gelungen, wie die Kritik zur deutschen Ausgabe signalisierte: zum Beispiel „das Klima der Angst und Einschüchterung zu zeichnen, das Armstrong schürte" (Christian Spiller auf *Zeit Online*) und vor allem dies abzuliefern: „ein detaillierteres Bild von Armstrongs Leben und Persönlichkeit, als es das je zuvor gab" (Sebastian Moll auf *Spiegel Online*). Ein Bild in epischer Breite.

Wobei in diesem weit gesteckten Rahmen eines allerdings zu kurz kam, wie Markus Völker in der *taz* anmerkte: die mafiöse Dimension des Ganzen und dass „selbst ein Lance Armstrong nur Teil des Systems" war. Das System *Tailwind*, das von der *Union Cycliste International* gedeckt, von Fernsehlizenzen und Sponsoren und Werbepartnern finanziert, von korrupten Ärzten und Handlangern abgestützt und von willigen Stenografen in den Medien als große Nummer verkauft wurde.

Unsere Wege hatten sich vorher nur ein einziges Mal gekreuzt, wenn auch bei einem ganz besonderen Termin – an jenem späten Vormittag im Herbst 2008 im *Sheraton*-Hotel in Midtown Manhattan, als Lance Armstrong sein Comeback verkündete. Juliet Macur saß eine Reihe hinter mir, als der Texaner in Anzug und Krawatte auf die Bühne trat:

LANCE ARMSTRONG: „As you all know now, I have decided to return to professional cycling. While we looked at other teams and we talked with other teams, as a friend and as a long time partner and as somebody that really trusts Johan on every little decision of the pro-

gram, I could not ever imagine racing against him or racing without him. So, Johan and I will once again be together in 2009."

Als wir uns sechs Jahre später im *Port City Java* Kaffeehaus gegenübersitzen, ist das natürlich längst Geschichte. Liegt eine Zeitspanne hinter uns, in der ich ihm im wahren Sinne des Wortes hinterhergelaufen war, während ich nur dem riesigen Schatten an der Wand zu folgen versuchte, den er warf.

Deshalb hatte ich 2008 auch nur eine schwache Vorstellung davon, was sich aus der bei der Jahresveranstaltung der *Clinton Global Initiative,* einer weltweit im großen Stil aktiven Stiftung des ehemaligen Präsidenten Bill Clinton, angekündigten Rückkehr ergeben würde. Ich folgte schließlich nach wie vor nicht dem Radsport und begleitete kein einziges Rennen vor Ort. Was mich beschäftigte, war hauptsächlich die hässliche Seite, die von den Nachrichten über Doping-Befunde und Betrugsmanöver gekennzeichnet war. Was mich trieb, war ein nicht auszuradierender Verdacht.

Zwischendurch gab es pure Zufälle wie den bei einer Sportjournalisten-Konferenz an der Technischen Universität in Dortmund im Frühjahr 2008, zu der viele namhafte, investigativ arbeitende Kollegen angereist waren. Dort erlebte ich zum ersten Mal David Walsh. Es war die Zeit noch vor dem Comeback. Eine Phase, in der die Enthüllungen und Erfahrungen sowie die Rechtshändel des Texaners bestenfalls den Stellenwert interessanter Fußnoten hatten. Wie ein dumpfes Echo auf eine frustrierende Ereigniskette, die den Eindruck erzeugte, der Fall sei einfach abgeebbt.

Dass sich wenig später draußen im Ozean ganz langsam eine beachtliche Flut zusammenbraute, konnte sich damals niemand ausmalen. Genauso wenig wie die Absicht des Radprofis, noch einmal in den Sattel zu steigen und sich dem kritischen Blick von hartnäckigen Medienleuten zu stellen. Auch der bestens informierte Walsh besaß nicht die dazu notwendige, prophetische Begabung. Der sann in Dortmund im Blick nach vorne stattdessen darüber nach, ob Lance Armstrong nicht vielleicht ein sehr viel anspruchsvolleres Projekt im Auge habe: den Plan, eines Tages Präsident der Vereinigten Staaten zu werden.

Wir waren deshalb völlig überrascht, als Armstrong wenige Tage vor seinem 38. Geburtstag auf die Bühne des Sports zurückkehrte. Ein Augenblick, in dem man auf offizieller Seite so tat, als könne man alle laut und vernehmlich „Doping" tickende Uhren wieder auf Null stellen. Der internationale Radsportverband *UCI* zum Beispiel hieß ihn ohne Murren willkommen und tat das, was schon immer im Umgang mit ihm am einfachsten funktioniert hatte: Die Verantwortlichen ignorierten einfach die Verdächtigungen, die zwar eine Weile zurücklagen, aber immer noch unaufgeklärt im Raum standen.

Vieles an der Entwicklung wirkte sonderbar. Nicht zuletzt ein unaufgelöster, innerer Widerspruch bezogen auf die Entscheidung des Radprofis. Denn kurz zuvor hatte er noch eines kategorisch ausgeschlossen: dass er jemals wieder in Frankreich antreten würde. „Ich werde nie im Leben dahin zurückgehen", sagte er. „Dann wäre ich ja verrückt." Er könne dort aufgrund seiner Erfahrungen einfach keine faire Behandlung seitens der Radsport-Verantwortlichen erwarten.

Nun machte er eine Kehrtwendung, erklärte aber nicht, wodurch sich seine Haltung geändert hatte: War die Furcht innerhalb kürzester Zeit verflogen? Oder war er schlichtweg nur verrückt genug und von seiner Unverwundbarkeit so sehr überzeugt, nachdem er im Laufe der Jahre alle bis dato in die Schlacht geworfenen Versuche zurückgeschlagen hatte, ihn zu überführen?

Zurück vom Ausflug ins *Sheraton* berichtete ich pflichtbewusst über den nicht besonders weit entwickelten Erkenntnisstand und sah

88

mich aus Mangel an konkreten Informationen genötigt, in meinem Text sein Vorhaben eher vorsichtig einzuordnen. „Man weiß nie so genau, ob sich der Texaner bei solchen Gelegenheiten in Anzug und Krawatte wirklich wohl fühlt," schrieb ich in der *Frankfurter Allgemeinen Zeitung.* „Oder ob die Pose, in der er zwischendurch auf der Bühne steht, Hände tief in den Hosentaschen, das Kinn und die Kiefermuskulatur gespannt, die Beine steif und breit, als wäre er kurz zuvor nach einem langen Rennen vom Rad gestiegen, nicht tatsächlich etwas ganz anderes verrät: Die Sehnsucht, endlich das gesellschaftliche Parkett und die gepflegten Ansprachen eines Treffens wie der jährlichen *Clinton Global Initiative* zu verlassen und etwas Konkretes zu tun: In die Pedale treten, Asphalt fressen und jenen Leuten, die ihn schon immer bewundert haben, einmal mehr zu beweisen, dass er noch nicht zum alten Eisen gehört."

Er trat mit dem Versprechen an, sich vor allem dem Kampf gegen den Krebs zu widmen. Es war das erklärte, große Anliegen, das alle kritischen Mutmaßungen und Verdächtigungen als kleinlich desavouieren sollte. Als er darüber redete, wirkte er so, als müsse er das einfach tun. Als habe er die Absicht, sich im zweiten Anlauf auf eine strapaziöse Weise endlich den erhofften Heiligenschein zu verdienen.

Weshalb er auch den mit einem *Oscar* ausgezeichneten New Yorker Dokumentarfilmregisseur Alex Gibney einlud, mit seinen Kameras hinter den Kulissen das Spektakel seiner Rückkehr einzufangen. „Er wollte ein Protokoll für die Ewigkeit", mutmaßte der Londoner *Daily Telegraph* später. „Um seinen Platz im Pantheon zu markieren" – mit Hilfe von „Amerikas bekanntestem, mit der Leidenschaft der Spurensicherung der Polizei arbeitenden, unabhängigem Dokumentarfilmer". Eine Idee, um der, wie Baudrillard geschrieben hatte, „hyperrealen

Ordnung und einer Ordnung der Simulation", für die sich Armstrong interessierte, ein Bewegtbild-Denkmal zu spendieren.

Obwohl ihn niemand dazu gezwungen hatte, setzte er mit diesem Spiel ganz viel auf eine Karte. Es war ein Spiel, das ihm ein Jahr später total aus den Händen glitt.

Es ging nicht nur um die Inszenierung selbst. Armstrong hatte ein weiteres Anliegen. Er wollte bei der Gelegenheit offensichtlich wirklich mit einer geschickten taktischen Maßnahme von vornherein die ihm nachhängenden Zweifel entkräften, die unter anderem auch Juliet Macur in der Zeit davor im Rahmen ihrer Berichterstattung für die *New York Times* gestreut hatte.

Weshalb an diesem Tag der berühmteste Doping-Experte Amerikas hinter dem Radfahrer auf der breiten Bühne stand: der Pharmakologe Don Catlin, ein groß gewachsener Typ. Bekannt vor allem auch, weil er im Rahmen des *BALCO*-Skandals in seinem Labor in Los Angeles erstmals das Designer-Steroid THG nachgewiesen hatte. Ein Mann mit dem Ruf absoluter Unbestechlichkeit.

Ich fragte Catlin später am Rande der Veranstaltung ganz direkt, wie er denn diese ungewöhnliche Aufgabe umsetzen wolle. Er verriet mir, dass er Tests durchführen werde, die bisher im Sport noch nicht eingesetzt worden seien. Er klang wie ein Fernsehdetektiv, der mehr wusste, als er öffentlich darlegen würde. Ernsthaft? Sah er das als seinen Job an? Wollte er wirklich Lance Armstrong überführen?

Juliet Macur kannte Catlin schon länger. Sie hielt deshalb sehr viel von ihm und war deshalb fassungslos angesichts des Arrangements. Sie mutmaßte, da habe ein Wissenschaftler von Rang vergessen, dass er seinen glänzenden Ruf sehr leicht ruinieren konnte.

JULIET MACUR: „This is not possible. This the doctor and the scientist who told me several years before, who told me that it is im-

possible to do the Tour de France *without doping. Impossible. And now he is standing next to the most infamous rider in the history of cycling, saying I am going to make sure that guy rides clean. After covering Lance for so long I understood the decision: We are going to do this for a PR push. And it looked brilliant. A lot of people believed it."*

„Das ist nicht möglich. Das ist der Wissenschaftler, der mehrere Jahre vorher gesagt hatte, dass es unmöglich ist, die *Tour de France* ohne Doping zu gewinnen. Unmöglich. Und nun steht er neben dem bekanntesten Radfahrer in der Geschichte der Sportart und sagt, er sorgt dafür, dass der Typ sauber fährt. Nachdem ich so lange über Lance berichtet hatte, habe ich das für eine PR-Maßnahme gehalten. Es sah brillant aus. Viele Leute haben das geglaubt."

Fünf Monate später ging Armstrongs Beziehung mit dem Doping-Jäger Catlin übrigens sehr leise wieder zu Ende, ohne dass der je auch nur eine Probe getestet hatte. Juliet hatte Recht. Public Relations – das war einmal mehr Teil der Armstrong-Methode gewesen.

Eine Methode, die dem Radfahrer die Bühne lieferte, um seine eigene Realität aufzuführen. Angespornt von bezahlten Leuten wie Mark McKinnon, der sich in der Republikanischen Partei als Imageberater von George W. Bush und John McCain einen Namen gemacht hatte.

„Eine eiserne Regel im Team Armstrong ist es, nie über Misserfolg nachzudenken", fand Douglas Brinkley heraus, der im Gesellschaftsblatt *Vanity Fair* über seine Erfahrungen mit dem Texaner berichtete, als er die Entourage damals aus nächster Nähe erlebte.

Für einen so erfahrenen Journalisten wie David Walsh war das nicht weiter verwunderlich. Er ist der Mann, der vermutlich im Laufe der Jahre den wichtigsten Beitrag geleistet hat, das Doping-Kartenhaus von Armstrong mit vielen Windmühlenböen ganz langsam in Schieflage zu bringen, und mehrere Bücher zum Thema geschrieben. Darunter die ersten Enthüllungen in Buchform unter dem Titel *L. A. Confidentiel – Les secrets de Lance Armstrong.*

Durch seine Arbeit war das Schiedsgerichtsverfahren von Texas ins Rollen gekommen. Und ohne dieses Verfahren hätte sich Armstrong nie gezwungen gesehen, einen Meineid zu leisten. Der Ire, der für die *Sunday Times* in London arbeitet, hatte 2005 der texanischen Spezialversicherung *SCA* und ihrem Anwalt Jeff Tillotson, wichtiges Material zur Verfügung gestellt.

Auch wenn Walsh zu keinem Zeitpunkt imstande war vorherzusagen, wer am Ende das Kartenhaus umpusten würde und wann, erkannte er doch schon früh, auf welche Weise die Geschichte ab 2010 die entscheidende Dynamik entwickelte. Die Charakterzüge der zentralen Figur waren einfach nicht dafür geeignet, um den ganz großen Erfolg zu erringen.

Als wir uns über seine Einschätzungen an einem Apriltag 2015 am Rande des *Masters*-Golfturniers in Augusta unterhielten, war Armstrong längst entlarvt worden. Er hatte den Kern der gegen ihn erhobenen Anschuldigungen gestanden. Er hatte allerdings noch keine Namen genannt. Der glanzvolle, scheinbar unangreifbare Siegertyp war zum Loser mutiert. Nun zog das Thema seine großen und kleinen medialen Kreise rund um den Globus. Der Stoff wurde abgearbeitet. Stück für Stück.

So stand an diesem Tag bereits der Premierentermin des Kinofilms *The Program – Um jeden Preis* fest. Einer nicht ganz gelungenen Umsetzung eines sehr viel besseren Buches von David Walsh, das schon in seinem Titel einiges andeutete. Er lautet *Seven Deadly Sins* und ist eine Anspielung an die sieben sogenannten Todsünden, die nach der klassischen katholischen Theologie aus Charakterschwächen wie Hochmut, Habgier, Genusssucht, Rachsucht, Völlerei, Missgunst und einer sogenannten „Trägheit des Herzens" bestehen, die man am besten als eine Mischung aus Faulheit, Feigheit und Ignoranz definiert.

Ich fragte Walsh, was denn seiner Meinung nach der entscheidende Faktor für Armstrongs Sturz ins Nichts gewesen war. Seine Antwort: Eine einzelne Person. Jemand, der ganz viel wusste, also Armstrongs schwache Stelle kannte, und der bereit war, sein gesamtes Wissen auszupacken.

DAVID WALSH: „I think, the key person in the unfolding of the Lance Armstrong drama was Floyd Landis. Because Lance Armstrong had a key weakness. He didn't have good emotional intelligence. Analytical intelligence, yes. Lance was really bright. He could organize a team. He could make sure the nutrition was right. He would hire Ferrari, the best trainer, doper in the business. But he didn't understand, that if he treats Floyd Landis badly, Floyd Landis may, well, hurt him. Because Floyd Landis knows everything. So when Floyd Landis came to Lance in 2010, Lance was now out of retirement, Floyd has lost all his money, fighting USADA. *And he needs a team. And he gets in touch with Bruyneel and he says ‚Give me a job.' Lance, of course decides that Floyd is bad news, because he has been tested positive. ‚Bad for my reputation.' They tell Floyd to get lost. Floyd has been brought up as a Mennonite. Farmersville, Pennsylvania. Very rural, very fundamental Christianity. Part of him is still a Mennonite. So, Floyd thinks, ‚I did bad things in that team. But I wasn't the only one. Lots of people in the sport did it. But now Lance is telling me to get lost. Like I am the only bad guy. Like I have to take the rap for everybody. Well, I am not doing it.' And Floyd then makes a confession. But he doesn't make a simple confession. He writes it. Long emails."*

„Die Schlüsselfigur war Floyd Landis. Lance Armstrong hatte eine zentrale Schwäche. Es mangelte ihm an emotionaler Intelligenz. Er konnte ein Team organisieren. Er war bereit, einen Trainer wie Michele Ferrari anzuheuern, den besten Doper in der Branche. Aber er hatte keinen Sinn dafür, dass ihm dieser Floyd Landis schaden kann, wenn er ihn schlecht behandelt. Denn Floyd Landis weiß alles. 2010 kommt Landis zum Teammanager Johan Bruyneel und sagt, ‚Gib mir einen Job'. Er hat kein Geld mehr, nachdem er in seinem Doping-Verfahren alles ausgegeben hat. Lance entscheidet jedoch, dass er nicht jemanden im Team haben will, der schon mal überführt worden ist. Das ist schlecht für seinen Ruf. Also sagen beide zu Floyd, er soll sich trollen. Floyd ist das Kind einer strenggläubigen Mennonitenfamilie in Farmersville in Pennsylvania. Und ein Teil von ihm ist noch immer mennonitisch. Er denkt sich, klar, ich habe schlimme Sachen in dem Team angestellt. Aber ich war doch nicht der einzige. Ich soll stiften gehen und das alles auf mich nehmen? Das werde ich nicht tun. Und so setzt sich Floyd hin und beginnt mit seiner Beichte. Mit keiner schlichten Beichte. Er schreibt alles auf. In langen Emails."

Und die Emails schickte er gleich danach ab und war froh, dass er sie nicht mehr zurückholen konnte. Sie waren raus. Raus aus seinem Kopf. Endlich draußen. Draußen in der Welt.

Die wichtigste Mail ging an den Präsidenten des amerikanischen Radsportverbandes.

„Sent: Friday, April 30, 2010 6:19 PM
To: Johnson, Steve
Subject: nobody is copied on this one so it's up to you to demonstrate your true colors…."
Und sie begann so:

„Some details:

2002: I was instructed on how to use Testosterone patches by Johan Bruyneel during the During the Dauphine Libere *in June, after which I flew on a helicopter with Mr Armstrong from the finish, I believe Grenoble, to San Mauritz Switzerland at which point I was personally handed a box of 2.5 mg patches in front of his wife who witnessed the exchange. About a week later, Dr Ferrari performed an extraction of half a liter of blood to be transfused back into me during the* Tour de France. *Mr Armstrong was not witness to the extraction but he and I had lengthy discussions about it on our training rides during which time he also explained to me the evolution of EPO testing and how transfusions were now necessary due to the inconvenience of the new test. He also divulged to me at that time that in the first year that the EPO test was used he had been told by Mr Ferrari, who had access to the new test, that he should not use EPO anymore but he did not believe Mr Farrari and continued to use it. He later, while winning the* Tour de Swiss, *the month before the* Tour de France, *tested positive for EPO at which point he and Mr Bruyneel flew to the* UCI *headquarters and made a financial agreement with Mr. Vrubrugen to keep the positive test hidden."*

Die Email enthielt einige Fehler: falsch geschriebene Eigennamen wie den der Schweizer Stadt St. Moritz oder des Holländers Hein Verbruggen, des ehemaligen Präsidenten des internationalen Radsportverbandes. Aber diese Schnitzer waren Kleinigkeiten. Die entscheidenden Dinge betrafen den Inhalt der Mail. Und was sie damit auslöste. So meldete sich zwei Wochen später Jeff Novitzky von der *Food and Drug Administration*, der einst die *BALCO*-Doping-Praktiken aufgedeckt hatte.

Auf diese Weise entstand eine beachtliche Dramatik, aber die in ihr steckende Dynamik ließ sich erst später nachzeichnen. Wobei es half, dass ich nicht nur eine wachsende Schatzkiste an Informationen aus zweiter Hand auswerten konnte, sondern irgendwann die Gelegenheit bekam, Floyd Landis zu interviewen. Wir trafen uns im Sommer 2016.

Man sollte hinzufügen, dass er in Interviews mit Journalisten seine Rolle bei der Aufklärung des Armstrong-Falls gerne herunterspielt. Obwohl er der erste war, der den Vorhang komplett wegzog und uns so einen kontrastharten, konkreten Einblick in das Geschehen hinter den Kulissen gab.

Floyd Landis zeigte in unserem Gespräch – später in Auszügen im *Deutschlandfunk* gesendet – keinerlei Anzeichen von Triumph oder Genugtuung. Er war einst selbst erwischt worden. War daraufhin geächtet worden. Hatte gelogen. Und er hatte dabei seine eigenen Anhänger betrogen.

Dabei hätte Landis eigentlich stolz sein können auf die Lawine, die durch seine Aussagen zunächst im Rahmen von bereits angelaufenen Doping-Ermittlungen der Staatsanwaltschaft in Los Angeles ins Rollen kam. Dort wurden Fahrer, die vor den Mikrofonen der Journalisten stets alles abgestritten hatten, zum ersten Mal gezwungen, unter Eid zu verraten, was sie wussten. Sahen sich in der Not, endlich die Wahrheit zu bekennen, weil sie nicht den Mut hatten, Armstrong weiterhin unverfroren mit Lügen und einem Meineid zu schützen und gleichzeitig sich selbst in Schwierigkeiten zu bringen.

Floyd Landis hätte das als Erfolg feiern können, weil sich danach auch noch die amerikanische Anti-Doping-Agentur an die Arbeit machte und Armstrong lebenslang sperrte. Aber das kam ihm nicht in den Sinn.

Er wusste schließlich: Den Part eines Helden in einer Geschichte mit so vielen Übeltätern, die alle irgendwelchen Dreck am Stecken hatten, würde ihm sowieso niemand abkaufen. Er selbst war geläutert, war desillusioniert, hatte den Sport verlassen, aber war dadurch ja nicht zu einer moralischen Instanz geworden. Nur zu einem wichtigen Zeugen der Anklage.

Bezeichnenderweise besaß er nicht mal mehr irgendwelche Souvenirs aus seiner aktiven Zeit.

FLOYD LANDIS: „No, I don't even have any bicycles left from when I raced. I have nothing. I got rid of all of it. Not as some kind cleansing thing, because I was mad at it. I don't think I ever did it, in the first place, to collect things that I can look at them later."

„Nein, ich habe nicht ein einziges Fahrrad behalten. Keine Entschlackungsmaßnahme, weil ich wütend war. Ich habe nie Dinge gesammelt, um sie mir später anschauen zu können."

JÜRGEN KALWA: „Yellow jerseys?"

„Gelbe Trikots?"

„No, I don't have anything left. I got rid of it all. At the time I sort of gave stuff away. I moved a few of times over the years after 2006. Each time I would move I would think, why am I keeping this? Somebody would say, that is cool, so I gave it to them. In some ways I am trying to move on from this period in my life. I don't want to forget it. But I don't want to sit and dwell on it."

„Ich habe keine mehr. Ich habe alle weggeschenkt. Ich bin ein paarmal umgezogen und habe mich jedes Mal gefragt, warum ich irgendetwas behalten soll. Auf eine Art versuche ich, diese Phase meines Lebens hinter mir zu lassen. Ich will es nicht vergessen, aber ich will mich auch nicht ewig damit beschäftigen."

Er war deshalb auch nicht zum Dauerankläger geworden. Und schon gar nicht zu so etwas wie einem Richter. Er war schließlich zwischendurch nur knapp bei einem Prozess in San Diego einer mehrjährigen Gefängnisstrafe wegen Betrugs entkommen, als er sich bereit erklärte, zahlreichen Spendern das Geld zurückzuzahlen, das er einst im Zusammenhang mit seinem eigenen Doping-Fall erhalten hatte. Es ging um knapp 500.000 Dollar. Landis' Strafe wurde 2012 auf Bewährung ausgesetzt, aber bereits 2015 komplett erlassen.

JÜRGEN KALWA: „Analyze the personality of Lance Armstrong for us. The kid from Plano from a not very solid family background, capable of stage craft of a very surprising quality. What did you learn about him, while you were close to him and when you were no longer close to him?"

FLOYD LANDIS: „If I look at it objectively and the things I've learned of how the press works, and you've seen it, when a story that appealing takes on a life of its own: the person at the center of the story and people around him don't have to be particularly clever to keep the story going. The press wants that to be the story. And so, I think that was his downfall. He thought that, at some point, that story could never be undone, simply because it was too good a story. So he kept pushing the limits of what he would do. He thought he was completely immune from anything ever undoing that."

„Analysieren Sie doch mal für uns diesen Lance Armstrong. Kind einer nicht besonders soliden texanischen Familie. Ein talentierter Schauspieler. Was haben Sie über ihn herausgefunden, als Sie ihn aus nächster Nähe erlebt haben und was, als Sie keinen Kontakt mehr hatten?"

„Wenn ich mir alles objektiv anschaue, sehe ich vor allem den Einfluss der Medien. Eine so attraktive Geschichte entwickelt immer ihre eigene Dynamik. Die Person im Zentrum dieser Geschichte muss gar nicht besonders schlau sein, um sie am Laufen zu halten. Die Medien selbst wollen, dass diese Geschichte weitergeht. Was ihn ruiniert hat, war zu glauben, dass diese Geschichte durch rein gar nichts aufgeribbelt werden kann. Weil es eine viel zu gute Geschichte war. Also hat er überreizt."

Es war das Risiko, das jemand eingeht, den man in Amerika einen *con man* nennt, einen Hochstapler, der seine Opfer und Gegner mit einem riesigen Ausbund an Selbstvertrauen – auf Englisch *confidence* – an der Nase herumführt. Armstrong war sogar, so formulierte es die amerikanische Zeitschrift *Forbes*, „des Teufels perfekter *con man*", der die Persönlichkeitsmerkmale Narzissmus, Machiavellismus und Psychopathie in einem von den Psychologen so genannten „dunklen Dreiklang" in sich vereint.

Aber eben nicht perfekt genug. Dieses Überreizen – das zeigte sich an diesem Tag in New York, als er sein Comeback erklärte, wofür es streng genommen weder finanzielle noch sportliche Gründe gab. Nur diese: Armstrong wollte einfach mehr. Wollte mehr sein. Wollte mehr scheinen.

Deshalb beging er an diesem Tag 2008 den größten, weil folgenschwersten Fehler seiner Karriere: Er kehrte zurück ins Scheinwerferlicht.

Später – in seiner Fernsehbeichte – gab er diesen Fehler selbst zu. Bloß war es da längst zu spät.

OPRAH WINFREY: „Do you regret coming back?"

LANCE ARMSTRONG: „I do. We wouldn't be sitting here if I didn't come back."

Es war der Fehler eines allenfalls mittelmäßig begabten Schauspielers, der sich und seine Ausstrahlung gepaart mit seinem Selbstvertrauen, seine Macht und seinen Einfluss überschätzte. Was unter anderem daran liegt, dass die Medien überwiegend in ihrer unkritischen Würdigung dieser Person besonders in seiner amerikanischen Heimat alles an seinen Ambitionen schönfärbten. Der Mann, der auf dem Rad jeden Gegner abgehängt hatte und irgendwie auch den Tod – der musste sich irgendwann in der selbstverliebten Idee verfangen, dass er diese ganz besondere Fähigkeit besitzt, live und aus dem Stand mit den Emotionen der Öffentlichkeit zu spielen und sie zu dirigieren. Floyd Landis erlebte das aus nächster Nähe. Phase eins:

FLOYD LANDIS: „I was young then, I was 25 years old and sort of starry eyed about cycling. I had a general idea that there was a dark underside to it. Back then, he had already won three times. He was a big star. I was fascinated by the whole thing. I was honored to ride with him. I wasn't star struck or anything, but it felt like it was the best opportunity in cycling at the time of you were hired on that team."

„Ich war jung. 25 Jahre alt. Und noch immer sehr blauäugig, was den Radsport betrifft. Ich hatte eine gewisse Idee, dass es eine dunkle Seite gab. Damals hatte er bereits dreimal die Tour de France gewonnen. Er war ein riesiger Star. Ich fühlte mich geschmeichelt. Von diesem Team eingekauft zu werden, gab einem die beste Chance, die es damals überhaupt gab."

JÜRGEN KALWA: „Compare that to the next phase, where you were actually trying to win on your own."

FLOYD LANDIS: „I raced with that team and helped him win his fourth, fifth and sixth tour. Then I left the team. And there was a lot of animosity on his part. He felt like or, at least, he said he felt like I betrayed them by leaving and going somewhere else to get paid more. He is not a pleasant person to be around. And I didn't want to be there anymore, anyway. I tried to explain it to them, 'look, we will all be better off, if I go elsewhere.' In his own mind he likes to fabricate scores that need to be settled. The following year after I left in 2005, he and the team spent a lot of time making sure I didn't win races. That's how he thinks. He doesn't get satisfaction out of winning. He gets satisfaction out of making other people lose. Which is the inverse of how most people think."

„Vergleichen Sie das mit der nächsten Phase, als Sie versucht haben, ohne ihn zu gewinnen."

„Ich habe ihm in diesem Team geholfen, Tour Nummer vier, fünf und sechs zu gewinnen. Dann bin ich gegangen. Und es kam zu erheblichen Animositäten. Er sagte, er fühle sich betrogen, weil ich ihn verlassen hatte, um woanders mehr zu verdienen. Er ist kein netter Mensch, und ich habe versucht zu erklären: dass wir alle mehr davon haben, wenn ich mich verabschiede und woanders hingehe. In seinem Kopf fabriziert er gerne Rechnungen, die dann andere zu begleichen haben. Im Jahr darauf, 2005, haben er und sein Team sehr viel Zeit damit zugebracht zu verhindern, dass ich Rennen gewinne. So tickt er einfach. Er zieht keine Zufriedenheit daraus zu gewinnen. Er will seinen Beitrag leisten, dass andere verlieren. Das komplette Gegenteil von dem, wie die meisten Menschen ticken."

Landis wusste natürlich noch viel mehr über Armstrong. Er hatte nicht nur gesehen, wie im *US Postal Service* Team gedopt wurde. Niemand anderer als Lance Armstrong hatte ihm, als er als vielversprechender Domestik engagiert worden war, die ersten Doping-Mittel gegeben: 2002 beim Höhentraining in St. Moritz.

FLOYD LANDIS „Johan had told me that Lance would give me some products when we got back to Switzerland, So Lance gave me some testosterone patches in the apartment before I went back to my apartment, when we got back there. It became a kind of talking point in the whole story. But it is one little step in the whole thing."

„Es waren einige Testosteron-Pflaster, die mir Lance in seinem Apartment gab, nachdem wir ankamen. Ein kleiner Schritt in der ganzen Angelegenheit."

Zusätzlich hatte Landis gesehen, wie sich sein berühmter Mannschaftsgefährte selbst gedopt hatte. Und das war der weit schwerere Vorwurf, mit dem sich Armstrong im Mai 2010, als die Details bekannt wurden, aus heiterem Himmel konfrontiert sah. Juliet Macur war damals vor Ort, bei der *Tour de California*, und fragte Armstrong:

JULIET MACUR: „*Why do you think he pinpointed you and Johan?*"

LANCE ARMSTRONG: „*Juliet, he didn't. He pinpointed a lot of people. Let's be honest here. Obviously my name will at the top of the story.*"

Er wand sich heraus.

Juliet Macur formulierte damals für sich selbst jene Frage, die sie später in ihrem Buch ausführlich zu beantworten versuchte: Was für ein Mensch ist dieser Lügner und wie wurde er jemand, dem Lügen so leicht fiel?

JULIET MACUR:„*Who is this person who was able to captivate the whole world and lie to everybody constantly on live television, whenever he wanted, for years and years and years…*"

JÜRGEN KALWA: „*….under oath…*"

JULIET MACUR: „*….under oath. Who is this person, where did he come from and how did he grow to lie so easily?*"

Es war eine wichtige Frage. Aber genauso wichtig war diese: Was sind das für Leute, die wussten, dass er lügt und die ihm dabei halfen, die Doping-Mittel zu besorgen, die Aktivitäten zu verschleiern und jeden Verdacht abzustreiten? Und die später sogar noch beteiligt waren, all jene zu diskreditieren, die dieses Gebäude einzureißen versuchten?

Eine Skizze der wichtigsten handelnden Personen an der Seite von Lance Armstrong bekam ich von seinem ehemaligen Teamgefährten Frankie Andreu. Der einstmals enge Freund von Lance Armstrong hatte als einer der ersten amerikanischen Radprofis seine eigene Doping-Vergangenheit im *US Postal Service* Team bloßgelegt.

FRANKIE ANDREU: „When Lance showed up some place he had a little crew with him, five or six guys, all traveling around with him. A lot of times they were the same guys, like a Knaggs, a Stapleton or some other people."

Armstrong hatte stets eine Entourage von fünf oder sechs Leuten im Schlepp. Darunter befanden sich: Barton Knaggs, eine Art von Adjutant, studierter Betriebswirt, Mitgründer der Firma *Capital Sports and Entertainment* in Austin, die im Hintergrund des Radsportgeschehens Armstrongs wirtschaftliche Aktivitäten regelte. Er wurde Anteilseigner in Armstrongs Radgeschäft *Mellow Johnny's* in Austin. Und er wurde Vorstandsmitglied der Lance Armstrong Foundation, der wohltätigen Stiftung, die später den Namen *Livestrong* erhielt.

Dann war da Bill Stapleton, ausgebildeter Jurist, ebenfalls von Anfang an bei *Capital Sports and Entertainment* dabei. Der machte die Verträge. Seine guten Kontakte im Sport waren hilfreich. Stapleton war in den neunziger Jahren Vizepräsident des Nationalen Olympischen Komitees der USA gewesen und sah sich als einer der Architekten der kommerziellen Auswertung der *Livestrong*-Marke zu Gunsten von Armstrong, was seiner Einschätzung nach mehr als 200 Millionen Dollar an Einnahmen für die gleichnamige Stiftung generierte.

FRANKIE ANDREU: „Stapleton was an agent. He was a businessman and negotiated a lot. I don't want to say he is ruthless. But he is very calculating. I believe, Bill Stapleton knew, I think he knew, I'd say, everything."

„Ich glaube, Stapleton wusste alles", sagte Frankie Andreu, was Juliet Macur bestätigen konnte. Sie hatte ihre eigenen Erfahrungen mit Bill Stapleton gemacht. Die gingen so weit, dass er sie zwischendurch einzuschüchtern versuchte, damit sie aufhört, weiter über Lance Armstrong zu schreiben.

JULIET MACUR: „Well, Bill Stapleton is a very smart person. We haven't had that many one-on-one conversations. Because he has basically avoided me for all these years. We have talked a few times over the phone. The first time when he threatened to sue me, if I kept writing about Lance Armstrong. In the book I say, he curses at me and says that I must have failed Journalism School. That I basically was stupid. That was our introduction into this relationship between Bill Stapleton and me. Obviously, if you look at it now, Bill Stapleton was really a nobody before he met Lance Armstrong. And the two of them rose together. He was very much a mastermind of Lance's image and a lot of the things that Lance succeeded in. Lance basically hinted to me that, of course, Bill Stapleton knew everything. Lance would not admit to that on the record. It would be impossible for Bill Stapleton not to know."

„Bill Stapleton ist ein sehr intelligenter Mensch. Wir haben nicht oft miteinander gesprochen. Er ging mir in all den Jahren aus dem Weg. Beim ersten Mal drohte er mir, mich zu verklagen, wenn ich weiter über Lance Armstrong schreibe. Im Buch habe ich erwähnt, dass er mich beschimpft hat und meinte, ich sei bei der Journalistenausbildung durchgefallen. Dass ich also im Grunde dumm sei. Man kann heute erkennen, er war Niemand, ehe er Lance Armstrong traf. Die beiden sind zusammen hochgekommen. Und er war der Stratege hinter Lances Image. Lance hat mir gegenüber angedeutet, dass Bill Stapleton natürlich alles wusste. Aber er würde das offiziell nie zugeben. Es wäre allerdings auch unmöglich gewesen, dass Bill Stapleton das alles nicht wusste."

Man kann das Buch *Lance Armstrong: Wie der erfolgreichste Radfahrer aller Zeiten die Welt betrog* von Juliet Macur übrigens nur empfehlen. Denn es bietet einen guten und schlüssigen Einstieg in die Sachlage. Sie arbeitete ein Jahr daran und besuchte ihn in der Zeit nach seinem viel beachteten Fernsehgeständnis sogar in seinem Haus in Austin. „Ja, prima, komm vorbei", sagte er ihr und betonte bei der Gelegenheit nur, dass es ihm um „die wahre Geschichte" gehe.

Die beiden hatten jahrelang eine seltsame, symbiotische Beziehung gepflegt, womöglich in Armstrongs Kopf angefüttert von einem gewissen erotischen Impuls. Ich stelle mir die Konstellation als einen höfischen Tanz vor, geprägt von einer kuriosen Galanterie. So hatte er sie etwa in seiner aktiven Zeit häufiger aus blauem Himmel angerufen.

JULIET MACUR: „I felt like he knew that I knew that he was doping. I certainly knew that he was doping, but I could never prove it. I almost appreciated his efforts. But it was really annoying to me because I could never catch him. And I never thought he would be caught in the end. I was pretty surprised when things started to crumble."

„Ich hatte das Gefühl: Er weiß, dass ich weiß, dass er gedopt hat. Das wusste ich auch, aber konnte es nicht beweisen. Ich fand das nett, dass er sich so sehr um mich bemühte. Aber es ging mir auch auf die

Nerven, weil ich ihn nicht fassen konnte. Ich habe nicht gedacht, dass er jemals auffliegt."

In Austin wurde sie an der Tür seines riesigen Hauses von Max begrüßt, dem jüngsten Sohn. Armstrong forderte ihn auf: „‚Say hi to Juliet, Max‘, Armstrong says. ‚Hi, Juliet‘, Max says."

Ein privater Moment, der Armstrong zum Kichern brachte. „Das hatte ich bis dahin noch nie gesehen", schreibt Macur in ihrem Buch.

Macurs Version – ihre wahre Geschichte – enthält Informationen aus vielen Quellen. Darunter auch solche, zu denen ich selbst im Laufe der Zeit Kontakt fand und die mir viele Dinge persönlich schilderten.

Aber Juliet tat noch mehr auf. Zusätzlich zu diesem Interview mit Lance Armstrong in seinem Haus in Austin gelang es ihr, stundenlange Monologe ausfindig zu machen, die einer seiner ehemaligen Freunde auf Tonbandkassetten hinterlassen hatte.

Diesen Weggefährten mit Namen John Thomas Neal, kurz: J. T., studierter Jurist, wohlhabender Immobilieninvestor, ausgebildeter Masseur und rundherum ein faszinierender Typ, hatte es in den Radsport gezogen, wo er in der Frühphase von Armstrongs Karriere so etwas wie eine Vaterfigur geworden war. Er war jedoch bereits 2002 an Krebs gestorben. Kurz vor seinem Tod hatte er seine Erinnerungen aufgezeichnet: Tonaufnahmen, die über insgesamt 26 Stunden gingen, und Teil eines Planes, ein Buch zu schreiben. Das Buch kam nie zustande.

Unter den Aufzeichnungen befanden sich große Enthüllungen und kleine wie die über Armstrongs Postkarte aus dem badischen Bischoffingen aus dem Jahr 1991. Damals schrieb der junge Radfahrer während eines Trainingsaufenthaltes: „Deutschland ist sehr nett. Wie du weißt, ist es nur noch etwas mehr als eine Woche bis zur WM. Ich bin höllisch nervös."

Macur erkannte rasch, dass sie durch den Blick von Neal auf Lance Armstrong einen Schlüssel zum besseren Verständnis der Entwicklung des Radprofis in jenen Jahren erhalten hatte.

JULIET MACUR: „Probably one of the most fascinating things I had ever done in my whole career. Listen to a dead person talk to your ear for 26 hours, hours and hours, day after day, telling these stories about Lance Armstrong."

Das sei vermutlich eine der faszinierendsten Recherchen in ihrer journalistischen Karriere gewesen, sagte Macur. Eine Stimme aus dem Grab, die für sie zu einer wichtigen Orientierungshilfe wurde, um das Profil von Lance Armstrong mit zusätzlichen Informationen anzureichern. Mit Dingen, für die man sich interessierte, wenn man verstehen wollte, wie aus dem ambitionierten Jungen aus Plano der hartnäckigste Lügner und Betrüger der Sportgeschichte geworden war.

Für das Buch war das Material besonders nützlich, um zu erläutern, dass „Armstrongs Unsicherheit und sein Zorn auf seine schwierigen Familienverhältnisse zurückzuführen waren: Vom biologischen Vater fühlte er sich im Stich gelassen, vom Adoptivvater schlecht behandelt. Armstrong war nicht gerne allein."

Neal traf ihn „oft bereits zum Frühstück im *Upper Crust Café*, ganz in der Nähe seines eigenen Hauses, und zum Mittagessen in einer Sportlerkneipe namens *The Tavern*. Drei- oder viermal pro Woche aß Armstrong mit den Neals zu Abend. Mit dabei waren die drei Kinder der Neals und ab und zu ein Freund Armstrongs oder ein Student, um den Neal sich kümmerte."

So wie Neal es sah, muss diese Zeit „wohl die glücklichste und unkomplizierteste in Armstrongs Leben" gewesen sein. „Er musste sich nicht mehr mit Terry Armstrong auseinandersetzen", mit seinem Stiefvater, der ihm seinen Nachnamen vermacht hatte. Weit weg waren auch die „aktuellen Eheprobleme seiner Mutter". Seine Welt waren „Austin und Neal, der sein Zuhause oder seine Wohnungen gerne für Mitglieder der Radsport-Nationalmannschaft öffnete – zum Beispiel für künftige Teamkollegen Armstrongs bei *US Postal* wie George Hincapie, Frankie Andreu, Chann McRae und Kevin Livingston –, die mit Armstrong im texanischen Hügelland trainieren wollten".

Speichellecker, Schleimer und ein paar Menschen auf der Suche nach der Wahrheit

Hatte Floyd Landis wirklich das größte Verdienst am Sturz von Lance Armstrong? Die Fragestellung wirkt reizvoll, führt aber im Grunde nicht weiter.

Es brauchte wie bei anderen Ermittlungen gegen konspirative Machenschaften auch mehr als eine einzelne Person und mehr als ein einziges Geständnis, um den Fall an den Kulminationspunkt zu führen, an dem das Lügengebäude wie eine schlecht gemauerte Wand zusammenfällt. Die Frage beschäftigt vermutlich normalerweise hauptsächlich Freunde guter Kriminalliteratur, die darin geübt sind, komplexe, geschickt vertuschte, schwer rekonstruierbare, kriminelle Netzwerke nachzuzeichnen und im Kopf die vielen Spuren zu markieren. Tatsächlich war es eher unerheblich, an welcher Stelle und mit wieviel Kraft jemand an dem einen Faden gezogen hatte, aus dem das ganze Gewand gestrickt worden war. Ermittlungen gegen mafiaartige Netzwerke verfügen über viele Ansatzpunkte. Wer sie zum Erfolg führen will, braucht Zeit. Sie entwickeln dabei eine eigene Dynamik.

Betrachtet man die Ereignisse ab dem Jahr 2010 isoliert, muss man Floyd Landis eindeutig den entscheidenden Part zubilligen. Dem ehemaligen Teamgefährten, der nach Armstrongs erstem Rücktritt 2005 im Jahr darauf im Schweizer *Phonak*-Team die *Tour de France* gewonnen hatte, aber nach dem Rennen als Doper überführt worden war. Der gesperrt wurde. Und der mit diesem Stigma auf die Dauer nicht umzugehen verstand.

„Vermutlich war das so", sagte Landis, als wir uns trafen und als so manches in dieser Geschichte schon eine halbe Ewigkeit zurücklag. Weshalb es auch irgendwie passte, dass wir uns an einem sonnigen Sommermorgen in einem über hundert Jahre alten Golf- und Tennis-Club im Stil der wohlhabenden amerikanischen Gesellschaft von einst begegneten. Die Anlage befindet sich gleich hinter dem Flughafen John F. Kennedy im New Yorker Stadtteil Queens.

Ausgesucht hatte Landis diesen Ort, weil er hier wohnt, wenn er an die Ostküste kommt. Nichtsdestotrotz wirkte die Location schräg. Aber 2016 war für Landis ohnehin zu einem Jahr geworden, das mit normalen Maßstäben nicht mehr zu fassen war.

Der Treffpunkt nur eine knappe Stunde mit dem Auto von Manhattan entfernt kam mir auf jeden Fall sehr entgegen. So musste ich nicht erst nach Colorado fliegen, wohin es Floyd Landis nach einer längeren Zeit in Südkalifornien und einer gescheiterten Ehe und dem unerklärlichen Selbstmord des Schwiegervaters gezogen hatte. Dorthin also, wo er ganz legal an einer neuen Geschäftsidee arbeiten durfte: Er stellt Produkte mit einem Wirkstoff her, den er selbst in seiner aktiven Zeit wegen der schmerzlindernden Wirkung noch illegal konsumierte, als er trotz einer schweren Hüfterkrankung immer noch in der Weltklasse mitfuhr. Seine Artikel sind Öle und Cremes aus Cannabis. Landis setzt damit auf eine Branche, die seit ein paar Jahren boomartig Colorado wirtschaftlich und kulturell verändert. Er arbeitet unter dem Namen *Floyd's of Leadville*.

Heißt das: einmal Drogen, immer Drogen?

Wir redeten über die Umstände, durch die er zum Mann im Mittelpunkt des Doping-Falls Lance Armstrong geworden war.

JÜRGEN KALWA: „The main hypothesis that I like to offer that you are individually the most important person when it comes to unraveling the Armstrong story."

„Die zentrale Hypothese, die ich Ihnen gerne anbieten würde, lautet: Sie sind die wichtigste Einzelperson, wenn es um das Entwirren der Armstrong-Geschichte geht."

FLOYD LANDIS: „I guess, just by coincidence, that's where I ended up. I didn't set out to fix this thing. I guess the result is the whole thing came down. I guess, I was the guy in the middle of the whole thing. But that was certainly not by design."

„Es war Zufall, dass ich da gelandet bin. Aber das war nicht meine Absicht. Ja, ich war der Typ mittendrin. Aber nicht, weil ich das so geplant hätte."

Wir erinnern uns: Landis hatte selbst verbotene Substanzen genommen, zunächst um dem Team zu helfen, in dem er als Adjutant von Lance Armstrong eine wichtige Nebenrolle spielte. Und er hatte später auf eigene Rechnung natürlich nicht die Finger von dem Zeug gelassen. Aber so wie alle anderen auch hatte er die Litanei eingeübt, die er von sich gab, als er erwischt wurde. Er sei auf gar keinen Fall gedopt gewesen, sagte er.

Selbst seine Mutter, die sich aufgrund ihrer strenggläubigen Haltung gegenüber allem Weltlichen normalerweise nicht zu Wort meldete, gab vor ihrer Haustür in Pennsylvania eine Stellungnahme gegenüber einem Pulk von Fernsehkameras ab:

ARLENE LANDIS: „The fact is, that there is nothing proven that anything is wrong with his test, He said this test is so irregular. I am not concerned. I think God is allowing us to go through this, so that Floyd's glory is even greater. Thank you for your time."

Die ahnungslose, vertrauensvolle Mutter in all das hineinzuziehen, war nicht schwierig. Denn Arlene Landis wusste gar nichts über Radsport oder über Doping. Sie glaubte ihrem Sohn, dass der Test fehlerhaft gewesen sein musste und dankte Gott für diese Prüfung. Denn Floyds Ruhm und Herrlichkeit werde hinterher noch sehr viel größer sein.

Sein Anreiz, endlich doch noch auszupacken, war tatsächlich diese Doping-Sache von 2006 gewesen. Durch die hatte er sich eine zweijährige Sperre eingehandelt. Und sie war zum Dreh- und Angelpunkt in seinem Leben geworden. „Egal wo ich hinkam, wollten Leute nur darüber reden. Damit wollte ich mich nicht auch noch den Rest meines Lebens abgeben", sagte er, als wir über seine Motivationslage des Jahres 2010 sprachen.

Er wusste viel, aber schleppte bis zu seinem schriftlichen Geständnis dieses Wissen als Ballast mit sich herum. Gleichzeitig wusste er, dass es irgendwann darum gehen würde, endlich auszupacken, weil so wie Meineid und andere Straftaten im Strafgesetzbuch auch in der Welt des Sports Regelverstöße unter das Prinzip der Verjährung fallen. Für Doping-Vergehen ist diese Frist übrigens vergleichsweise lang. Sie läuft acht Jahre.

Landis war allerdings noch nie ein besonders scharf kalkulierender Stratege gewesen. Das konnte man schon daran erkennen, auf welche Weise er gegen die gegen ihn erbrachten Doping-Beweise aus dem Labor der *Tour de France* von 2006 vorging. Er wirkte so, als ob er von Lance Armstrong ein paar Lektionen in Sachen Trotz und Widerstand gelernt hatte. Er stritt alles ab und bemühte sich krampfhaft darum, dem Labor nachzuweisen, seinen Test nicht korrekt durchgeführt zu haben. „Bei der Untersuchung wurden so viele Fehler gemacht, aber das Schiedsgericht hat all diese Ungereimtheiten ignoriert.

Es ist ein klares Fehlurteil", behauptete sein Anwalt beharrlich, nachdem sein Mandant den Rechtsstreit in der ersten Runde verloren hatte.

Landis wurde als erstem Radfahrer in der über hundertjährigen Geschichte der *Tour de France* nachträglich der Sieg aberkannt. Nicht nur das. Wenig später fanden Ermittler heraus, dass er und sein Trainer Hacker beauftragt hatten, in den Computer des Doping-Labors in Châtenay-Malabry einzudringen und dort Datenmaterial zu fälschen. Die französische Justiz erließ einen Haftbefehl und verurteilte ihn 2011 in Nanterre in Abwesenheit zu zwölf Monaten Haft auf Bewährung.

2006 war es ihm gelungen, für seine Verteidigungskampagne erstaunliche zwei Millionen Dollar an Spenden aufzutreiben. Allerdings gab er sie komplett aus, als er sich mit teuren Anwälten und Gutachten vor den zwei Instanzen der Sportgerichtsbarkeit in Kalifornien und dann beim *Court of Arbitration for Sport (CAS)* in Lausanne zur Wehr setzte.

Teil der aufwändigen Verteidigungsstrategie war eine Autobiographie, für die er eine Journalistin gewinnen konnte. Auch sie wurde zu einem der Opfer im Mahlwerk all der Doping-Lügen. Und sie wurde dafür auch noch bestraft. Sie verlor nach dem Geständnis von Landis ihren Job als Chefredakteurin des auflagenstarken Fachmagazins *Bicycling*. Loren Mooney meldete sich zu dem Thema nur ein einziges Mal zu Wort: in einer schriftlichen Stellungnahme, die illustrierte, wie man in den Strudel der Lügen hineingezogen werden konnte, wenn man entweder zu leichtgläubig oder zu unkritisch war.

Es gab nur eine Entschuldigung, die allerdings ihr Arbeitgeber nicht gelten lassen wollte, als das radikale Landis-Geständnis die Schlagzeilen beherrschte. „Ich war nicht die einzige, die gedacht hat, dass wir hier vielleicht einen namhaften Radprofi hatten, der fälschlicherweise beschuldigt worden war. Einige von euch haben vielleicht sogar dem Floyd-Landis-Verteidigungsfonds Geld gespendet."

Sie schien sich an einem Strohhalm festzuhalten zu wollen. Nachdem sie Landis blind aufgesessen war, äußerte sie nun Zweifel daran, ob die anstehenden Ermittlungen überhaupt „überzeugende, bekräftigende Belege" zu den Doping-Vorwürfen gegenüber Lance Armstrong produzieren würden. Ihre Erklärung war deshalb nur in einem wirklich respektabel: in ihrem unzweideutigen Bekenntnis. „Ich muss sagen, das [Buch] ist verdammt guter Lesestoff. Leider ist es wertlos. Es basiert auf all den Lügen, die Landis auf krankhafte Weise erzählt hat."

Juliet Macur, die den Armstrong-Fall mit mehr Abstand und Skepsis protokolliert hatte als Mooney, war nicht weniger verstört:

JULIET MACUR: „The title of Floyd's book was Positively False. *I just don't get how somebody who grew up in such a religious household with parents who are seeming so kind and loving. I have seen them interviewed on television and brothers and sisters who seem so wonderful and pure. How somebody can actually do that? He not only made himself into a liar. But he made a journalist into a liar, too, which is inexcusable."*

„Ich kann nicht verstehen, wie jemand, der in einer so religiösen Familie aufgewachsen ist und so liebenswürdige Eltern hat, so etwas tun kann. Er hat nicht nur selbst gelogen. Sondern auch noch eine Journalistin zu einer Lügnerin gemacht. Das ist unentschuldbar."

Man ging als Doper eben so weit, wie man mit seinen Lügen kam.

Das tat Lance Armstrong.

Das tat Jan Ullrich.

Das tat Floyd Landis.

Nicht jeder ließ sich davon einwickeln, auch wenn es schwer war, dieser Maschine entgegenzutreten oder sie womöglich sogar zu stoppen. Zu denen, die exakt das versuchten, gehörte Travis Tygart, der langjährige Chef der amerikanischen Doping-Agentur *USADA*. Aber noch einen Namen sollte man nennen: den von Jeff Novitzky, der damals bei der Lebens- und Arzneimittelaufsicht in Washington arbeitete, der *Food and Drug Administration*, nachdem er einige Jahre zuvor in Kalifornien in seiner Rolle als Steuerfahnder den *BALCO*-Doping-Fall aufgeklärt hatte. In den waren prominente Baseballprofis und Leichtathleten verwickelt. Einige wie Marion Jones wurden später zu Gefängnisstrafen verurteilt.

Eine andere Figur, die Armstrong immer wieder zusetzte, war Betsy Andreu, die Frau von Frankie Andreu, seinem ehemaligen Teamgefährten, die ihre eigenen Gründe hatte, warum sie es mit einer bewundernswerten Hartnäckigkeit auf sich nahm, Armstrongs Machenschaften und seine Einschüchterungsversuche zu belegen und immer wieder neu anzuprangern. Was ich besser verstand, als ich sie 2012 zum ersten Mal interviewte.

Man sollte an diese Stelle kurz innehalten und einmal anmerken, wie viele Frauen in dieser weit gefächerten Geschichte vorkommen. Darunter befanden sich einige, die jahrelang halfen, das Netz aus Lügen aufrecht zu erhalten. Angefangen bei Armstrongs erster Frau Kristin, die heute gelegentlich in der Öffentlichkeit auftritt – als angeblich tiefgläubige und prinzipientreue Katholikin, die Vorträge hält und Bücher schreibt. Tatsächlich ist sie eine unglaublich feige Person, die sich bei der Scheidung für eine Abfindung von mutmaßlich 10 Millionen Dollar zur Verschwiegenheit verpflichtete und selbst unter Eid in Prozessen die Aussage verweigerte.

Im *SCA*-Verfahren sagte unter anderem auch Kathy LeMond aus, die Frau von Greg LeMond, den Lance Armstrong mundtot zu machen versuchte und gegen den er die Radfirma *Trek* mobilisierte. Armstrongs Drohung gegenüber dem Unternehmen war eindeutig, denn als erfolgreicher Sportler hatte er Möglichkeiten, Druck zu machen: Er würde sich andernfalls einen anderen Radhersteller als Partner suchen, warnte er.

Ein Thema, das bei Kathys Vernehmung zur Sprache kam. Sie erinnerte sich im Zeugenstand an etwas, was ihr Betsy Andreu erzählt hatte: Dass Betsy in einer Unterhaltung Kristin Armstrong gefragt hatte, wie sie so einfach zuschauen konnte, wenn ihr Mann mit *Dottore EPO* Michele Ferrari zusammenarbeite. „Kristin sagte, dass ihr Lance erklärt hatte, das sei einfach notwendig."

Offensichtlich ebenso notwendig wie ihr Beitrag zum aktiven Doping, den Christian Vande Velde, ein Teamgefährte ihres Mannes, in seiner Aussage vor der *USADA* unter Eid wortwörtlich so beschrieb: „Kristin Armstrong war mit im Zelt, und Lance bat sie, Kortison-Tabletten in Aluminiumfolie zu packen, damit die Fahrer sie in ihre Trikottaschen stecken konnten. Kristin wickelte die Kortison-Tabletten in Aluminiumfolie ein und gab sie jedem einzelnen Fahrer."

Sie waren beide schon eine Weile lang geschieden, als Armstrong 2008 in Boston einen Marathon lief und er vorher für ein Video-Interview für die Zeitschrift *Runner's World* mit seiner Ex zusammentraf.

KRISTIN ARMSTRONG: „So here we are, here in Boston, sitting here having an interview with my darling ‚wasband'. Ex doesn't sound good."

Kristin tat so, als wäre die Welt in Ordnung. Betsy Andreu erzählte mir, wie sie das Verhalten einstufte.

BETSY ANDREU: „She saw the level of destruction. How Lance ruthlessly and viciously attacked people, tried to destroy them. And she sat quiet. She's never ever come forward. Really never addressed it. There's so many important lessons from this. And one of them is:

You can't keep your mouth shut and let people get destroyed. You can't go and hide behind God. I just don't want to come across as a judgmental person. If that is how Kristin is able to live with herself, through God, then good for her."

„Sie hat gesehen, in welchem Umfang er versucht hat, Menschen skrupellos und brutal zu attackieren. Wie er versucht hat, sie zu zerstören. Sie saß stumm daneben und hat sich seitdem nie zu Wort gemeldet. Wie kann man zuschauen, wie Leute ruiniert werden, und sich hinter Gott verstecken? Falls sie als Komplizin so weiterleben möchte, wünsche ich ihr alles Gute."

Es gab, wie erwähnt, einige Frauen in diesem Milieu, zu denen einem kein passenderes Wort als Komplizenschaft einfällt. Die berühmteste von ihnen war vermutlich die Sängerin Sheryl Crow, Armstrongs Lebensgefährtin von 2003 bis 2006, die auch nach dem Ende der Beziehung so tat, als gingen sie die moralischen Bedenken der von ihrem Ex Geschädigten rein gar nichts an. Crow, die das feministische Lied *Strong Enough* geschrieben hatte, in dem die wichtigste Zeile lautet: *„Are you strong enough to be my man?"* und eine Textpassage: *„Lie to me, / I promise I'll believe, / Lie to me / But please don't leave, don't leave."*

Betsy Andreu brach in Lachen aus, als ich daran erinnerte. Es war ein Detail, das sie vergessen hatte.

BETSY ANDREU: „Oh, my gosh, that's Sheryl Crow, ha, ha, the irony."

Einen beachtlichen Namen hatte auch Sally Jenkins, die mit Armstrong das auch ins Deutsche übersetzte Buch *Die Tour des Lebens* schrieb und 2003 so etwas wie eine Fortsetzung mit dem Titel *Every Second Counts*. Sie entpuppte sich später als höchst fragwürdige Person. Die Journalistin arbeitet für die *Washington Post* und dürfte durch die beiden Bücher mehr als eine Million Dollar an Honorar eingespielt haben.

Der New Yorker Magazinjournalist und Buchautor Bill Gifford (*Jung bleiben! Warum wir altern – und was wir dagegen tun*), der sich jahrelang kritisch mit der Armstrong-Industrie beschäftigt hatte, sah in ihr allerdings nur die Spitze eines Eisbergs.

BILL GIFFORD: *„She made the most, but dozens of journalists and people in the industry made lots and lots of money, and essentially made their living over the last ten plus years, either from Lance directly or writing books about him. Or with Johan Bruyneel, for example. I mean, it's hard to overstate the effect he had on the popularity of cycling in the United States. Fifteen years ago, if you rode a bike, if you had a racing bike, you were a weirdo. Now you go into Central Park on a Saturday afternoon and it's like $5000 carbon fiber bikes, everybody's kitted up in racing gear."*

„Sie hat am meisten verdient. Aber Dutzende von Journalisten und Leute in der Industrie haben so ihren Lebensunterhalt bestritten. Ob direkt in Lances Umfeld oder beim Schreiben von Büchern über ihn. Seinen Einfluss auf die Popularität des Radsports kann man gar nicht übertrieben darstellen: Vor 15 Jahren warst du ein Spinner, wenn du ein Rennrad hattest. Wenn du heute samstags in den Central Park gehst, siehst du 5000 Dollar teure Kohlefaser-Räder, und jeder trägt Renntrikots."

Jenkins war von einem anderen Kaliber. Schlau genug zu wissen, was Sache war, während sie trotzdem eine kranke Form der Loyalität propagierte. Sie fand nicht das Geringste dabei, Armstrong bis zuletzt gegen die Ermittler zu verteidigen und gleichzeitig die Doping-Fahnder und die Glaubwürdigkeit von Zeugen wie Floyd Landis und Tyler Hamilton zu attackieren. Und zwar sowohl in ihrer eigenen Zeitung, was aufgrund des Interessenkonflikts, den sie hatte, ethisch-moralisch äußerst bedenklich war, als auch bei anderen Gelegenheiten, wie hier in einem Radiointerview in der *Kojo Nnamdi Show* des Senders WAMU 88,5 in Washington 2011.

SALLY JENKINS: „Floyd Landis' credibility was really not good and remains not good. I really would have a hard time believing much of anything, just personally. I think that Tyler Hamilton is a slightly more credible source, although he has his own issues. He too was caught failing drug tests and protested his innocence long and hard. "

Als ich Betsy Andreu davon in einem Telefongespräch erzählte, reagierte sie amüsiert. Und zum Thema selbst fiel ihr nur soviel ein:

BETSY ANDREU: „She is one of the sycophantic journalists who never cared about the truth. Money was more important than integrity, in my opinion. "

Ein *sycophant* ist im amerikanischen Sprachgebrauch ein Speichellecker. Für Betsy eine besonders schlimme Kategorie von Mitmensch.

Jahre später, als wir an ihrem Esstisch saßen und stundenlang das umfangreiche Figurenkabinett im Universum von Lance Armstrong eine Person nach der anderen durchgingen, fügte sie dem Ganzen so etwas wie Genugtuung hinzu:

BETSY ANDREU: „Sally Jenkins has shown the whole world her true colors. So whenever she writes something, I think, people know. She has besmirched her own name. She has damaged her own reputation by being so unethical. Enough said. "

„Sally Jenkins hat gezeigt, aus welchem Stoff sie gemacht ist. Sie hat ihren eigenen Namen besudelt und ihrem Ruf geschadet, weil sie so skrupellos war. Genug davon."

Genug?

Vielleicht kommen wir alle eines Tages tatsächlich an diesen Punkt und haben genug. Aber das sollte eigentlich erst dann geschehen, wenn die Rolle und der Einfluss von den vielen Menschen aufgeklärt worden ist, die sich im Umfeld von Lance Armstrong so lausig verhalten haben wie er selbst:

BETSY ANDREU: „Lance did not do this alone. And, sure there was some of his cohorts, be it Johan Bruyneel, Michele Ferrari, Pepe *Martí, Luis del Moral, who were either banned for life or received sanctions. But the real meat and potatoes, as we say, of how was he able to get away with it, has not been uncovered. We have the American federation who turned a blind eye. We have the UCI. His medical doctors, the medical establishment, we have his sponsors who supported him and staid by him. We have the foundation. He hid behind the foundation, which he used not only to shield himself from any criticism, but he pocketed money as well. And we have the financial people connected to the team and what they knew and how much they knew. Lance himself told me that Thom Weisel knew what was going on."*

„Lance war nicht alleine. Sicher, es gab da Leute wie Johan Bruyneel, Michele Ferrari, *Pepe* Martí, Luis [Garcia] del Moral, die entweder lebenslänglich gesperrt oder wenigstens bestraft wurden. Aber wer wirklich dafür sorgte, dass er so lange davonkam, wurde noch nicht aufgedeckt. Wir haben den amerikanischen und den internationalen Radsportverband. Die Ärzte, seine Sponsoren, die ihn unterstützt und ihm den Rücken gestärkt haben. Wir haben die Stiftung, die er dafür nutzen konnte, Kritik abzuwehren, und sich Geld einzustecken. Wir haben die Finanzexperten, die eine Verbindung zum Team hatten und das, was sie wussten. Lance persönlich hat mir gesagt, dass Thom Weisel wusste, was los war."

Die Rede war von jenem Thomas Weisel, einem steinreichen Investmentbanker aus San Francisco, der den Rennstall aufgebaut hatte, der unter dem Namen *US Postal Service* Team die Konkurrenz abhängte. Und der dabei gewesen sein soll, als es 1999 bei der *Tour de France* darum ging, Armstrong vor einer Doping-Sperre zu bewahren. Er gehörte demnach zu jenen, die einen Arzt dazu brachten, ein rückdatiertes Rezept für eine Kortison-Heilcreme auszustellen.

Kein Journalist, aber ebenfalls ein Mensch ohne Prinzipien, einst unter anderem eine Freundin von Betsy Andreu, ist Stephanie McIlvain. Ihre dubiose Rolle wurde durch den Mitschnitt eines Telefongesprächs belegt, während dessen sie dem dreifachen *Tour-de-France*-Sieger Greg LeMond versicherte, der von seinem Vertragspartner *Trek* unter Druck gesetzt worden war, damit er aufhört, öffentlich Doping-Verdächtigungen zu äußern, dass sie in einem Prozess bereit sei, unter Eid exakt das zu bestätigen, was sie zusammen mit anderen 1996 erlebt hatte. Damals als Armstrong während der Krebsbehandlung im Krankenhaus in Indianapolis Ärzten gegenüber gestanden hatte, im Laufe seiner frühen Karriere Doping-Substanzen genommen zu haben.

GREG LeMOND: „And I am not asking you to do anything you would never want to do. But if it would get down to where it was a lawsuit. Would you be willing to testify?"

„Ich bitte dich nicht darum, etwas zu tun, was du nie tun würdest", sagte Greg LeMond, der dreifache *Tour-de-France*-Sieger, damals schon eine Weile im Ruhestand, der seine eigenen Gründe hatte, um Armstrongs Doping-Praktiken auf die Schliche zu kommen. „Aber wenn es einen Prozess gäbe, wärst du bereit, als Zeuge auszusagen?"

Die Antwort von Stephanie McIlvain lautete, die damals so wie heute für den Brillenhersteller *Oakley* arbeitet und die Verbindungsperson dieser Firma zu Werbepartner Armstrong war:

STEPHANIE McILVAIN: *„If I was subpoenaed I would. Cause I am not gonna lie. I was in that room. I heard it. You know. I definitely won't lie. If I am subpoenaed, you know...."*

Wenn sie vorgeladen würde, sagte sie, würde sie auch aussagen. „Weil ich nicht lügen werde. Ich war in dem Zimmer. Ich habe es gehört."

Tatsächlich wurde sie irgendwann vorgeladen. Aber unter Eid sagte sie am Ende etwas anderes aus.

JEFF TILLOTSEN: *„Were you ever at a hospital room or other part of the hospital with Mr. Armstrong where he said anything about performance enhancing drugs?"*

STEPHANIE McILVAIN: *„No."*

JEFF TILLOTSEN: *„Do you have any recollection of any doctor in your presence asking Mr. Armstrong if he used in the past any performance enhancing drugs or substances?"*

STEPHANIE McILVAIN: *„No."*

Ihr Verhalten hatte für sie keine juristischen Konsequenzen. Auch dieser Meineid ist verjährt. Doch das gilt womöglich nicht für ihre Aussage vor der Staatsanwaltschaft während der strafrechtlichen Ermittlungen gegen Armstrong, die 2012 eingestellt wurden.

Wir wissen allerdings: Mit ihrer Rolle als Zeugin und als Handlangerin im Betrugsfall Lance Armstrong geriet sie in ein großes Dilemma. Das zeigt die Nachricht, die sie im Frühjahr 2008 Betsy Andreu auf dem Anrufbeantworter hinterließ. Eine Aufnahme, deren Transkript bereits 2010 in der *New York Daily News* veröffentlicht wurde. Und die im Dokumentarfilm *Stop at Nothing – The Lance Armstrong Story* erstmals öffentlich in Ausschnitten zu hören war:

STEPHANIE McILVAIN: *„Hi Betsy, it's Stephanie, your friend from California. I shouldn't say friend. It's pathetic, Betsy. I thought* *you were better person than that. And I am so saddened that you are not. I've moved on. I don't have any contact with Lance. And no contact with you. But you just keep going and going and going. I also hope that one day you have adversity in your life and you have some type of tragedy, because you're such a shallow bitch."*

„Hallo Betsy", sagte sie, „deine Freundin aus Kalifornien. Ich sollte nicht Freundin sagen, das ist erbärmlich, Betsy. Ich dachte, du bist ein besserer Mensch. Und ich bin so traurig, dass das nicht der Fall ist. Ich habe keinen Kontakt zu Lance und keinen zu dir. Aber du machst einfach immer weiter. Ich hoffe, du erlebst irgendwann ebenfalls ein richtiges Missgeschick, eine Art von Tragödie. Denn du bist ein derart oberflächliches Luder."

Die Freundschaft zwischen den beiden war zerbrochen, weil die eine Frau an der ganzen Wahrheit festhielt. Und weil sich die andere genötigt sah, sich ihre Welt nach einer rein opportunen Interessenlage zurechtzuschustern.

Irgendwie passte dazu, was David Walsh bei den Recherchen zum Buch *L. A. Confidentiel* herausgefunden hatte: dass McIlvain zwischendurch mit ihrem Arbeitgeber, dem Firmenchef von *Oakley*, über Doping gesprochen hatte. Aber der Brillenhersteller sah keinen Grund, irgendetwas gegen seinen berühmten Vertragspartner zu unternehmen.

Es gibt Menschen, die zu wissen glauben, wie sich die Sache weiterentwickelte. Stephanie McIlvain soll Druck bekommen haben, weil zusätzlich ihr Mann in einer profilierten Position beim selben Arbeitgeber beschäftigt war. Und noch etwas erschwerte angeblich das Entwirren des riesigen Knotens: Sie soll zwischendurch ein ganz besonders enges Verhältnis zu Lance Armstrong gehabt haben.

Wie eng? Im Buch *Wheelmen*, das das weit gespannte Netz des Texaners ausführlich beschreibt und eine Reihe von erstaunlichen

Scoops liefert, haben die beiden *Wall-Street-Journal*-Reporter Reed Albergotti und Vanessa O'Connell eine ausführliche Passage zu diesem Aspekt abgeliefert. Die beiden Journalisten wurden zu keinem ihrer Recherchenergebnisse jemals wegen übler Nachrede vor ein Gericht gezerrt und genießen den Ruf, glaubwürdige Arbeit abgeliefert zu haben. Dies ist, was sie über die Beziehung zwischen Armstrong und McIlvain herausfanden: Es gäbe Gerüchte über *blowjobs*, schrieben sie. Auf Deutsch: Oralsex.

In der Tat erkundigten sich die Staatsanwälte des Justizministeriums in der Vernehmung von McIlvain im Vorverfahren des Schadenersatzprozesses der amerikanischen Post exakt danach. Was sie darauf antwortete – unter Eid – blieb unter Verschluss. Wäre es wie geplant zum Hauptverfahren gekommen, hätte die Öffentlichkeit erstmals erfahren können, was es mit diesen Details wirklich auf sich hatte. Und zwar dann, wenn Lance Armstrong im Rahmen der Verhandlung dazu befragt worden wäre: Was war dran gewesen an dem Gerücht?

Eine derartige Neugier seitens der Staatsanwälte wäre kein Fall von klassischem Voyeurtum gewesen, sondern Beispiel für das Bedürfnis, herauszufinden, weshalb in diesem mafiaartigen Netzwerk die von Armstrong Abhängigen so oft und so konstant logen.

Armstrongs Anwälte kämpften jahrelang gegen solche und andere Enthüllungen. Und zwar unbeirrbar und beharrlich und an jeder Front. So versuchten sie zum Beispiel zu verhindern, dass seine langjährige Widersacherin Betsy Andreu als Zeugin aussagen konnte. Sie hätte keine relevanten Informationen anzubieten und würde den Gerichtssaal vermutlich nur als „Plattform nutzen, um Armstrongs Charakter schlechtzureden", lautete die Begründung.

Bei dem Verfahren handelte es sich um eine Spezialität des amerikanischen Rechtswesens. Um einen Prozess auf der Basis eines Gesetzes, das der Kongress in Washington 1863 während des Bürgerkriegs zwischen den Nord- und den abtrünnigen Südstaaten erlassen hatte. Dieser *False Claims Act* war die Antwort auf die weit verbreiteten Betrügereien jener Zeit, als rücksichtslose Kaufleute den Ministerien, die Ausrüstungsgegenstände für den Krieg benötigten, störrische Esel, fehlerhafte Gewehre und verdorbene Lebensmittel verkauften. Das Gesetz animiert jeden Informanten, genannt Whistleblower, der von den betrügerischen Absichten weiß, sich selbst mit einer Klage vor einem ordentlichen Gericht einzuschalten. Geht der Rechtsstreit zu Gunsten der Behörden aus – und die amerikanische Post gilt, obwohl nicht Teil des Regierungsapparates, als quasi-staatliche Einrichtung – erhält der Whistleblower einen Anteil von bis zu 30 Prozent der erstrittenen Schadenersatzsumme. Das war im Fall von Lance Armstrong niemand anderer als Floyd Landis.

Die Betrugsanschuldigung bestand darin, der Post eine Leistung verkauft zu haben, die gegen eine zentrale Klausel des Vertrages verstieß. Die Post hatte in dieser Vereinbarung ausdrücklich verlangt, dass sich der Radfahrer an alle Regeln der übergeordneten Organisationen hält: Genannt wurden unter anderem die der *UCI*, die der amerikanischen Radsport-Föderation und des Internationalen Olympischen Komitees. Diese Regeln besagen allesamt eindeutig, dass Doping verboten ist und bestraft wird.

Armstrong nicht zu bestrafen und nicht dazu zu verdonnern, das Geld zurückzuzahlen, so argumentierte der Anwalt von Floyd Landis im Rahmen des Vorverfahrens, würde ihn doch nur dafür belohnen, dass er den Doping-Betrug so erfolgreich verschleiert hatte. Wie könne ein Rechtsstaat so etwas gutheißen?

Das Urteil sollten eigentlich zwölf Geschworene fällen. Ihr Beschluss, für den es Einstimmigkeit bedarf, wäre so etwas wie ein angemessener Schlussakkord zu diesem sich seit langem dahinschleppenden Betrugsfall gewesen. Die außergerichtliche Einigung zwischen Armstrong auf der einen und dem amerikanischen Justizministerium und der Post auf der anderen Seite machte die Hoffnung auf eine solche Katharsis zunichte.

Tiefere Einsichten

Ich hatte am Abend vorher den Wecker auf eine brutal frühe Zeit gestellt. Der Grund: Die Entwicklungen rund um Lance Armstrong hatten sich im Verlaufe der Vortage zugespitzt. Die üblichen sechs Stunden Zeitunterschied nach Europa bedeuteten deshalb für mich: An diesem 25. August 2012, einem Samstag, um 5 Uhr aufstehen und den beiden Sonntagsausgaben der Zeitungen in Frankfurt und Zürich, für die ich jahrelang über den Fortgang der Geschichte geschrieben hatte, in ausführlichen Texten den aktuellen Stand durchgeben. An Ausschlafen war nicht zu denken.

Der Radprofi hatte zwei Tage vorher gegenüber der amerikanischen Anti-Doping-Agentur erklärt, dass er gegen ihre Ermittlungen und Beschuldigungen nicht länger vorgehen werde. Woraufhin die *USADA* Armstrong prompt lebenslänglich gesperrt hatte.

Der hatte mit seiner Stellungnahme ganz offiziell seinen bis dahin auf vielen Kanälen, darunter auch vor Gericht geführten Kampf gegen die amerikanische Anti-Doping-Agentur aufgegeben. In seiner schriftlichen Erklärung deutete er eine weltfremde Einschätzung der Lage an. Er tat so, als steige er, das Denkmal des erfolgreichen Athleten, lieber eigenhändig und rechtzeitig vom Sockel, ehe ihn jemand anderer auch nur demontieren konnte. „Es kommt irgendwann im Leben eines Mannes der Tag, an dem er sagen muss: Genug ist genug", erläuterte er den Rückzug vom Schlachtfeld des öffentlichen Meinungskampfs und klang pathetisch und großmäulig zugleich. Denn Armstrong verkündete bei dieser Gelegenheit auch noch, dies sei sein letztes Wort zu all den im Laufe der zwei Jahre davor zusammengetragenen, massiven Doping-Vorwürfen: „Ich werde dieses Thema nie wieder ansprechen, ganz egal unter welchen Umständen." Und er fügte hinzu: „Ich weiß, wer diese sieben Touren gewonnen hat. Das wird niemand jemals ändern können. Besonders nicht Travis Tygart."

Travis Tygart – das war der Mann, der sich zur Aufgabe gemacht hatte, die Spuren des in Los Angeles abgeblasenen staatsanwaltlichen Ermittlungsverfahrens gegen Armstrong wegen Betruges aufzugreifen, um auf diese Weise zumindest eine sportjuristische Strafe zu erwirken. Das gelang tatsächlich: Das konkreteste Resultat der Aufklärungsarbeit war am Schluss eine lebenslängliche Sperre. Eine Strafe, die nur deshalb so hoch ausfiel, weil sich Armstrong weigerte, zur Aufklärung der Angelegenheit auch nur irgendetwas beizutragen. Andernfalls wäre man mit ihm sehr viel milder umgegangen.

Als ich aufstand, sah ich die SMS, die ich mitten in der Nacht bekommen hatte. Es war eine kurze Bitte, mich sobald wie möglich zu melden. Absender: Hajo Seppelt, der Doping-Experte der *ARD*. Ich ahnte: Dieser 25. August würde ein abwechslungsreicher Tag werden. Allerdings konnte ich mir so verschlafen, wie ich war, gar nicht ausmalen, wie abwechslungsreich.

Als ich meine Zeitungstexte ein paar Stunden später übermittelt hatte, kümmerte ich mich um sein Anliegen. Also darum, noch am selben Tag für einen aktuellen Beitrag einen Tag später in der Sonntagssendung der *Sportschau* ein Fernsehinterview mit einem Insider der Armstrong-Causa zu führen.

Ich begann allerdings bei Null. Denn erst einmal ging es darum, so kurzfristig überhaupt jemanden zu finden, der erreichbar und dann auch noch bereit war, sich vor eine Kamera zu setzen. Ich hatte Glück, aber das bedeutete, mich auf die Socken zu machen. Ich saß wenige

Stunden später in einem Flugzug nach Detroit, in dessen Vorort Dearborn ich am Abend zum ersten Mal Betsy Andreu traf.

Als das Interview kurz vor Mitternacht im Kasten war, galt es, das Material so schnell wie möglich über Satellit nach Deutschland zu überspielen. Wir hatten einige technische Schwierigkeiten. So kam ich erst nachts um drei in meinem Hotel an, musste um sechs auf den Flieger nach New York, war aber weiter komplett auf Armstrong gepolt. Zuhause stand der *Deutschlandfunk* auf dem Programm. Ich wurde von Andrea Schültke für die Sendung *Sport am Sonntag* zu den jüngsten Entwicklungen befragt.

ANDREA SCHÜLTKE: „Vor dieser Sendung habe ich mit Jürgen Kalwa gesprochen. Er verfolgt in den USA den Fall Armstrong für uns. Und ich habe ihn gefragt, wie denn die Rolle von Lance Armstrong auch vor diesem Hintergrund der neuen Beschuldigungen in seiner Heimat gesehen wird. Bisher galt Lance Armstrong ja dort trotz aller Anschuldigungen als Held."

JÜRGEN KALWA: „Ich bin ganz sicher, und das habe ich jetzt auch bei Recherchen herausgefunden, dass all die Leute, die schon immer ganz stark versucht haben, sich gegen Lance Armstrong zu wenden, dass die sehen: Hier gibt es ja weitere Argumente, hier gibt es weitere Belege...."

Kurz darauf konnte ich mich wenigstens für ein paar Stunden ausklinken. Dann schrieb ich den nächsten Artikel – über die allerletzten Reaktionen. Er erschien in der Montagausgabe des *Tagesanzeiger*.

Es war, als ob ich in einen Strudel hineingezogen wurde, der mich mit seinem unwiderstehlichen Sog den fragwürdigen magnetischen Kräften des Sportbetrügers Lance Armstrong ständig näher brachte und irgendwie auch auslieferte. Und das obwohl die rein räumliche Distanz zwischen uns mehrere tausend Kilometer betrug. Anders also als das, was Tyler Hamilton passiert war. 2011 in einem Restaurant in Aspen in Colorado, wo Armstrong seinen ehemaligen Mannschaftsgefährten konfrontierte. Der hatte kurz zuvor im Fernsehen die wichtigsten Doping-Details zugegeben und dabei auch Armstrong beschuldigt.

TYLER HAMILTON: „He called me a lot of names, but he didn't call me liar. So, that was interesting. And then, he threw out a threat, that, if somebody would have said it, it wouldn't have stressed me out so much. But when it came from Lance Armstrong.... I don't know how serious he was, but didn't sit so well with me. ‚I am going to make your life a living hell, both in the court room and outside of the court room.‘ "

Armstrong drohte: „Ich mache dein Leben zur Hölle. Überall. Auch vor Gericht." Was Hamilton durchaus ernst nahm. „Vor ihm selbst habe ich keine Angst", sagte er in unserem Interview, das länger und ausführlicher war als das, was er bei seinem Auftritt im *Aktuellen Sportstudio* des *ZDF* ein paar Tage später gab. Angst hatte er damals allerdings vor der Macht und dem Einfluss von Armstrong. Denn er hatte entdeckt, dass er in seinem neuen Wohnort in Montana von Unbekannten beschattet wurde.

In jenen Monaten war ich häufig unterwegs, um Schlüsselfiguren zu interviewen. Es ging nicht nur um Hamilton, der mit seinen Enthüllungen dem, was zuerst von Floyd Landis beschrieben worden war, entscheidende eigene Beobachtungen hinzufügte und dadurch den vielen, bereits vorliegenden Belegelementen mehr Glaubwürdigkeit verlieh. Und der sein Wissen schließlich umfassend in einem Buch – *Die Radsport-Mafia und ihre schmutzigen Geschäfte* – präsentierte.

Als die amerikanische Originalversion im September 2012 auf den Markt kam, stieß ich in ihr auf einen Sachverhalt, der bis dahin niemandem aufgefallen war. Es handelte sich um die Verwicklung eines deutschen Arztes, den Hamilton, ohne dessen Namen oder dessen Nationalität zu nennen, beschuldigt hatte, ihm eine verbotene Eigenblut-Spritze gesetzt zu haben. Der Mann: kein Einzelfall, im Grunde nur eine Randfigur. Aber gleichzeitig jemand, der dem Profil des Mitwissers und Mittäters entsprach. Einer von vielen Medizinern, die Radfahrern damals beim Einsatz unerlaubter Mittel halfen.

Daneben sammelte ich Dokumente, die man im Internet finden konnte, wenn man ein bisschen intensiver suchte. Ich unterhielt mich mit Experten, die wussten, welche Auswirkungen das alles auf die Popularität und die Einkommenssituation von Armstrong haben würde und sah im Report der USADA, was Armstrong das jahrelange Doping Minimum gekostet hatte. Eine Million Dollar an Honoraren war allein an den italienischen Arzt Michele Ferrari geflossen, den Mann mit dem Spitznamen *Dottorre EPO*.

Die kuriose Konstellation aus Doping und den Gesundheitsrisiken, die Sportler ohne Rücksicht auf ihre Zukunft eingehen, und Armstrongs Strategie, den Kampf gegen die Volksseuche Krebs als großes Anliegen und wie ein überdimensioniertes Schutzschild zu inszenieren, gehört zu den leider viel zu wenig analysierten Sachverhalten in diesem mafiahaften Treiben. In Amerika wurde diese Aktivität immerhin irgendwann doch noch als pure Propaganda entlarvt und mit dem griffigen Etikett *cancer shield* belegt, hinter dem sich Armstrong verstecken und mit dem er sich aufgrund seiner vermeintlichen Sorge für Millionen von Menschen weltweit Sympathie erwerben konnte. Etwas, wovon der durchschnittliche Sportstar nur träumen kann. Selbst derjenige, der eine wohltätige Stiftung betreibt, wie das inzwischen von vielen praktiziert wird.

Als die Konstruktion entlarvt war, hatte dies keine weitergehenden Konsequenzen. Man erinnere sich nur an die Reaktionen von einflussreichen Armstrong-Weggefährten und -Nutznießern, als die Sperre gegen ihn verhängt wurde. „Lance hat gesagt, dass er unschuldig ist", lautete etwa die offizielle Reaktion seines wichtigsten Werbepartners, des Sportausrüsters *Nike*, „und hat auf dieser Position felsenfest beharrt. *Nike* hat die Absicht Lance und die Lance Armstrong Stiftung weiterhin zu unterstützen. Eine Stiftung, die Lance gegründet hat, um den Überlebenden von Krebserkrankungen zu dienen."

Mal gerade eine einzige, kleine Protestaktion wurde von dieser Mitteilung provoziert. Ein ehemaliger Radprofi und eine Gruppe von Gleichgesinnten bauten sich mit ihren Plakaten vor dem Hauptquartier von *Nike*, dem größten Sportausrüster der Welt, in Beaverton in Oregon auf. Paul Willerton, einst in der US-Nationalmannschaft mit Armstrong bei zwei Weltmeisterschaften am Start, war entsetzt über die Solidaritätsadresse des Unternehmens, das auch weiterhin sowohl den Texaner als auch seine Stiftung zu unterstützen trachtete. „Diese Haltung von *Nike* ist widerlich", sagte er.

Aber auch irgendwie nachvollziehbar, wie mir der auf Sportrecht spezialisierte New Yorker Rechtsanwalt Brian Socolow erklärte, mit dem ich mich mehrfach über den Themenkomplex ausgetauscht habe. Er schrieb 2012 in einem Text zum Fall Armstrong in der Publikation *Sports Litigation Alert:* Schweigen und Ignorieren seien in der Kosten-Nutzen-Analyse eines Unternehmens einfach die sicherere Bank. Wenn eine Firma einen Rechtsstreit beginnt, müsste sie immer auch die Kosten und den Ertrag ermitteln. „Jemanden zu verklagen, ist teuer und kann sowohl dem Image des Unternehmens als dem des Werbepartners schaden. Eine Firma könnte möglicherweise gar nicht genug an Schadenersatz eintreiben, um eine solche Ausgabe zu rechtfertigen. Eine Firma hat vielleicht sogar Schwierigkeiten zu beweisen, dass Armstrong gedopt hat, weil ein solcher Beweis nicht einfach bereitliegt und weil die Doping-Vorwürfe schon so lange zurückliegen. Zusätzlich kann ein langwieriger, in aller Öffentlichkeit stattfindender Prozess den Eindruck erwecken, dass die fragliche Firma mit Armstrong unter einer Decke steckte oder einfach weggeschaut hat, als es um Verhalten ging, das sie eigentlich hätte wissen sollen."

Das war die Außensicht. Für die Innensicht gibt es übrigens ein sehr viel plastischeres Beispiel: den Brillenhersteller *Oakley*, wo der Wissensstand wichtiger Mitarbeiter schon früh ganz beachtlich gewesen sein muss. Der Verdacht lässt sich mit Hilfe von Quellen und von Zeugen zumindest rekonstruieren. Als der *SCA*-Schiedsgerichtsprozess anlief, musste auch Stephanie McIlvain aussagen, die Kontaktperson zwischen Armstrong und dem Unternehmen. McIlvain blieb später erneut unter Eid vor der Grand Jury der Staatsanwaltschaft in Los Angeles bei jener Version, die sie im November 2005 beschworen hatte: Sie habe das Doping-Geständnis von Armstrong im Krankenhaus in Indianapolis gegenüber zwei Ärzten nicht gehört, lautete ihre Aussage. Sie habe vielmehr Betsy Andreu und David Walsh angelogen, als sie denen erklärte, sie hätte 1996 im Krankenhaus das Geständnis des krebskranken Texaners ebenfalls mitbekommen. Betsy Andreu und Stephanie McIlvain waren einst Freunde gewesen.

BETSY ANDREU: „I really truly think, she wanted to tell the truth. But when she told her boss, the man who owned the company, about it, he said that there are ways around it. And then her husband had a very high position at Oakley. *And they saw it, if she tells the truth she was going to damage the company. They did not want that negative publicity. If Stephanie had the support, this is my own opinion, of her husband and her boss, she would have told he truth. She did not have that support. She was a very weak woman."*

„Ich denke wirklich, dass sie die Wahrheit sagen wollte. Aber als sie mit ihrem Boss, dem die Firma gehörte, darüber sprach, hat er ihr gesagt, man könne das umgehen. Ihr Mann hatte eine gehobene Position bei *Oakley*. Die beiden haben das so gesehen: Wenn sie die Wahrheit sagt, schädigt das das Unternehmen. Sie wollten diese negative Publizität nicht. Wenn Stephanie die Unterstützung von ihrem Mann und ihrem Boss gehabt hätte, das ist meine persönliche Meinung, hätte sie die Wahrheit gesagt."

Der Journalist Bill Gifford hatte sich über die Jahre ausgiebig nicht nur mit der Radsportszene beschäftigt, sondern gerade auch mit der Stiftung und ihrer Rolle in dem ganzen Spiel. Er fand eine Menge heraus und beschrieb dies im Januar 2012 in der Zeitschrift *Outside* in einem ausführlichen Artikel im Detail. Es war die Zeit, als die staatsanwaltlichen Doping-Fahnder noch dabei waren, die vielen Indizien zusammenzutragen, mit deren Hilfe Armstrong am Ende durch die Anti-Doping-Agentur doch noch überführt wurde.

Gifford ermittelte unter anderem: Das Gerede vom Kampf gegen den Krebs und Geld für die Forschung? Gelogen. Damit hatte die Lance Armstrong Foundation schon 2005 aufgehört.

Was machte die Stiftung statt dessen?

Mehr als die Hälfte des Spendenaufkommens, das zeitweilig knapp 100 Millionen Dollar im Jahr betrug, ging in die Eigenwerbung.

Welche Ziele wurden damit verfolgt?

Unter anderem bezahlte die Stiftung einen in Washington politisch gut vernetzten Lobbyisten.

Wie kombinierte Armstrong seine Auftritte im Namen des Krebsthemas, um sich zu bereichern?

Indem er sich von Veranstaltern enorme Summen an Antritts-geldern überweisen ließ. Geld, das der Stiftung hätte zugute kommen sollen, landete bisweilen in seiner eigenen Tasche. Deutlichstes Kennzeichen für seinen Status als Multimillionär und Überflieger: sein eigener *Gulfstream* Jet mit der eitlen Registrierungschiffre N7LA, in der die Ziffer für die Zahl der *Tour-de-France*-Siege stand und die hinteren Buchstaben für seine Initialen.

Die Instrumentalisierung reichte bis hin zu solchen Details wie der Startnummer beim New York Marathon 2006. Er wählte die 1002, um an den Tag zu erinnern (in der amerikanischen Schreibweise, in der der Monat zuerst genannt wird), an dem im Oktober 1996 der Krebs diagnostiziert wurde.

Gifford wusste damals, dass seine Erkenntnisse nicht ausreichten, um die Armstrong-Maschine aus dem Tritt zu bringen. Aber es war ihm gelungen, weitere Mosaiksteine zu dem langsam dahingehenden Prozess beizusteuern, der von Landis angeschoben worden war und zu den ersten ernsthaften Ermittlungen der Anti-Doping-Agentur geführt hatte.

BILL GIFFORD: „Obviously, Lance is a major cultural and sports hero in this country in a way that transcends cycling or even sports. It's taken a while for the truth to kind of sink into the general public. And there's been strong, strong insistence to the basic idea he could have cheated to begin with. But I think, over the summer, over the last three, four months, you have seen a sort of gradual acceptance of the truth, essentially. Of the idea, he did in fact use banned substances and banned methods to win his Tours de France.*"*

„Offensichtlich ging die Ausstrahlung von Lance in seiner Heldenrolle über den Radsport und den Sport allgemein hinaus. Deshalb dauerte es, bis die Wahrheit im Bewusstsein der Öffentlichkeit angekommen ist. Der Widerstand dagegen war von Anfang an sehr, sehr stark. Aber wir haben zuletzt gesehen, dass die Wahrheit allmählich akzeptiert wird. Dass es tatsächlich so ist, dass er verbotene Substanzen und verbotene Methoden angewendet hat, um die *Tour de France* zu gewinnen."

Die Geschichte war in diesem Moment – im Spätsommer 2012 – nämlich keineswegs zu Ende. Eigentlich begann sie erst richtig und entwickelte sich – Stück für Stück, Enthüllung um Enthüllung – immer schneller weiter.

Für einige hat sie allerdings nie begonnen. Zu ihnen gehört die Stadt Austin, in der es noch immer einen *Lance Armstrong Bikeway* gibt, einen sieben Kilometer langen Fahrradweg im Zentrum entlang des Colorado River. Alle Versuche, ihn umzubenennen, verliefen im Sand.

In eine ähnliche Kategorie gehört die Sportausrüsterfirma, die Verträge mit Lance Armstrong und mit seiner Stiftung hatte und auf dem Campus in Beaverton in Oregon, außerhalb von Portland, ein ganzes Gebäude nach ihm benannt hatte. Gewiss, als es nicht mehr anders ging, trennte sie sich von ihrem Vorzeigehelden und sogar von seiner Stiftung. Und man entfernte kurzerhand den Namen vom Gebäude. Es gab keine Alternative mehr, nachdem er sein Geständnis abgelegt hatte. Andernfalls wäre nur der Eindruck verstärkt worden, dass das Unternehmen trotz andersartiger Verlautbarungen in Wirklichkeit keinerlei Interesse an einem sauberen Sport hat.

Worauf basierte diese Unterstellung? Jeder konnte sich an seinen zehn Fingern abzählen, dass *Nike* in all den Jahren nicht das Geringste unternommen hatte, um dem Doping-Verdacht nachzugehen. Warum eigentlich war *Nike* nicht in der Lage, das tun, was *SCA* getan hatte und den sich Stück für Stück erhärtenden Gerüchten nachgehen und die Millionen von Dollar zurückfordern, die man Armstrong zahlte? Eine interessante Frage, mit der wir näher an die Motivationslage und den Ausgangspunkt für die kriminellen Versuche rücken, Sport mit Hilfe von Doping oder auch Wettbetrug zu manipulieren.

Lance Armstrong war klug genug, die fehlende Neugier seiner Werbepartner, was seine Doping-Praktiken anging, öffentlich als Vertrauensbeweis zu verkaufen. Wie hier 2011, als die Ermittlungen der Staatsanwaltschaft in Los Angeles liefen und er zu einer Veranstaltung der *Texas Tribune* eingeladen wurde, einer Medienplattform in Austin.

LANCE ARMSTRONG: „Has Nike *called me and had questions? Had* Anheuser-Busch *called and asked questions? Have all these people called, which has not happened. Which is amazing for me to show that kind of support."*

Er nannte *Nike* und den Bierhersteller *Anheuser-Busch* ausdrücklich und vertrat die Ansicht, dass er diesen Mangel an Interesse an dem heiklen Thema eindeutig als Unterstützungsmaßnahme empfinde.

Das Verhalten der Unternehmen muss mit der Kalkulation zu tun haben, die die Verantwortlichen aufstellen, wenn sie ermitteln wollen, welches Verhalten profitabler ist: Eine ethisch-moralisch klare Linie einzuschlagen und durchzuhalten? Oder eine verquere Loyalität zum Sportstar auszuleben, die man auf bequeme Weise auch noch mit dem Habitus des Ahnungslosen verbinden kann. Damit konnte man der Öffentlichkeit locker etwas vormachen: Nachdem man sich selbst überzeugt hatte, dass man keine gesellschaftliche Verpflichtung besitzt, die über das reine Geldverdienen hinausgeht.

Nike entschied sich fürs Mitmachen, für die Handlangerei, fürs Wegschauen, für Lippenbekenntnisse. Denn eine solche Position verspricht das geringste Risiko. Auch heute noch, nachdem die Doping-Epidemie längst als massives Problem entlarvt ist.

Die lange Zeit vom Internationalen Leichtathletikverband unterdrückte Studie des Tübinger Professors Rolf Ulrich und einer Reihe profilierter Mitstreiter fand das eigentliche Problem mit Hilfe von Anonym-Befragungen unter Athleten eindeutig bestätigt. Erhebungen bei der Weltmeisterschaft 2011 in Südkorea und bei den Panarabischen Spielen im selben Jahr in Doha ergaben: Bis zu 45 Prozent der befragten Sportler waren bereit zuzugeben, dass sie sich in den zwölf Monaten zuvor gedopt hatten. Alles bloße Einzeltäter? Gewiss nicht.

Das Verhalten des Unternehmens in Bezug auf die unter Doping-Verdacht stehenden Aktivitäten des Langlauftrainers Alberto Salazar sprechen ebenfalls eine eindeutige Sprache. Erneut bemüht man sich, obwohl man das *Nike Oregon Project* sowohl namentlich als auch finanziell alimentiert, nicht um Aufklärung. Übrigens: Salazar und Armstrong waren einst miteinander ziemlich innig in Kontakt. Ich berichtete Anfang 2017 über Salazar im *Deutschlandfunk* und seine gut dokumentierte Suche nach neuen Substanzen für Schützlinge wie den Briten Mo Farrah: „Zu den im *Nike Oregon Project* eingesetzten leistungsfördernden Substanzen gehörte demnach auch eine Aminosäurenverbindung namens L-Carnitin. Sie wird gegen Gefäßerkrankungen und in der Krebsbehandlung eingesetzt und genießt unter Ausdauersportlern den Ruf einer Wirkung wie Blutdoping. Alberto Salazar soll, nachdem er dies entdeckte, den damals noch aktiven Lance Armstrong, der ebenfalls bei *Nike* unter Vertrag war, per Email angemorst haben: ‚Rufe mich so bald wie möglich an. Wir haben es getestet, und es ist verblüffend.'"

Nur wenige in der Branche thematisieren diese sportschädigende Attitüde und falsche Loyalität überhaupt. Wie Jamie Fuller, ein Australier, der in der Schweiz eine Sportbekleidungsfirma namens *Skins* betreibt und der sich an der Aktion *Change Cycling Now* beteiligte, die sich gegen den Radsport-Weltverband *UCI* richtete. Wir haben uns schon mehrfach über den Problemkreis unterhalten – vor allem über die absichtsvolle Blindheit und Taubheit.

JAMIE FULLER: „I was staggered at how long they took to part company with Lance Armstrong. I don't think that they come at this from an ethical perspective. I am not just singling out Nike. *I am talking about everybody. I think that their primary goal is purely the commercial angle regardless of what it means for your brand or your values. And frankly it is not dissimilar to Armstrong himself. His attitude was: ,win at all cost' . He made that clear in the interview. It doesn't matter who he has to crawl over or smash in order to do that."*

„Ich war erstaunt, wie lange sie gebraucht haben, um sich von Lance Armstrong zu trennen. Ich will aber *Nike* gar nicht isoliert sehen. Dies gilt für alle: Sie sehen nur den kommerziellen Aspekt, egal ob dies das Markenbild prägt oder wichtige Wertvorstellungen in Frage stellt. Und darin ähneln sie übrigens Armstrong, der ja zugegeben hat, dass er gewinnen wollte – koste es, was es wolle."

Dabei hätte die Firma alles Geld der Welt, um sich mit Hilfe von gezielten Maßnahmen gegen die Doping-Epidemie zu wenden.

JAMIE FULLER: „It's not just Nike. *It's almost every other brand. It's irrelevant for them. I'd like to think that sponsors would be more prepared to stick their head up and say: ,you know, what. I am really pissed off with the lack of integrity. I want to do something to make a change.' The reality is though, not a lot of companies are prepared to do that. Whether it is because of apathy or whether it is because of fear. There seems to be that attitude. That's the way it is. You have to accept that there is corruption in sports. And what can I do anyway?"*

„Aber das ist nicht nur bei *Nike* so. So verhält sich fast jede andere Marke. Es wäre schön, wenn Sponsoren mal den Mund aufmachen würden und sagen, dass sie stocksauer sind und etwas ändern wollen. Aber die Realität ist anders. Vielleicht ist es Apathie oder Furcht, dass sich diese Einstellung eingebürgert hat, dass es im Sport Korruption gibt. Und dass man sich seiner Verantwortung entzieht und sagt: Ich kann doch sowieso nichts machen."

Übrigens: die Idee, gelbe *Livestrong*-Plastikbänder auf den Markt zu bringen und die Einnahmen unter dem Banner des Kampfs gegen Krebs zu buchen, kam von *Nike*, wo man 2004 mit der Produktion begann. Das Image des Wohltäters wurde ein geschickt integrierter Teil des Vermarktungskonzepts und später sogar das tragende Motiv einer eigenen Bekleidungsserie. Und es wurde zum Schutzschild, mit dem Lance Armstrong so geschickt wie noch kein Sportler vor ihm lange Zeit die meisten Attacken abwehren konnte. Er hatte auch hierbei tatkräftige Helfer. Und das von Anfang an. Darunter die Verantwortlichen bei der Stiftung, die so lange nicht von seiner Seite rückten, bis es nicht mehr anders ging. Einsichten? Lernerfahrungen? Es gab nur ein Verhaltensmuster, nach dem diese Beziehungen funktionierten. Wer es mit einem positiven Begriff belegen wollte, nannte es Loyalität. Wer durch diese Fassade hindurchsah, entdeckte mafiahafte Gier und die gegenseitige Abhängigkeit aus Geben und Nehmen.

Bill Gifford beschrieb die Achse in seinem ausführlichen Artikel für *Outside* (*It's Not About the Lab Rats*) im Januar 2012 als das „beste Beispiel dieser symbiotischen Beziehung", in der der größte und mächtigste Sportausrüster der Welt die Bekleidungslinie *Livestrong* herstellte und Armstrong dafür Millionen von Dollar überwies, diese

Hemden, Hosen und Schuhe in der Öffentlichkeit zu tragen. Der Fünf-Jahres-Vertrag, der 2010 noch vor den Enthüllungen von Floyd Landis abgeschlossen wurde, so fand Gifford heraus, zahlte natürlich auch der *Livestrong*-Stiftung Geld: eine Lizenz von jährlich 7,5 Millionen Dollar.

Nicht zu übersehen waren die enormen Werbemaßnahmen, die man bei *Nike* auf die Beine stellte, um dieses Produktsegment mit zu Herzen gehenden Slogans so gefühlsstark wie möglich zu verkaufen. Das kurioseste Projekt wurde 2009 inszeniert: Es handelte sich um einen Traktor, der einen computerprogrammierten Anhänger über französische Straßen zog, der dabei Sprüche in kräftiger, gut lesbarer Schrift auf den Asphalt sprühte: der sogenannte *chalkbot*.

PHIL LIGGETT: „As you see the riders are going all over the yellow chalbot there. That reminds you while the Nike *chalbot follows the road of the* Tour de France *you can follow the* Nike *chalkbot at home on Twitter or at* wearyellow.com.*"*

Für die Kampagne erhielt die Werbeagentur, die sich das Projekt für *Nike* ausgedacht hatte, einen Preis beim internationalen Werbefilm-Festival in Cannes.

Für *Nike* wäre die Sache fast doch noch ein wenig heikel geworden. Die Firma sollte beiden Seiten im Schadenersatzprozess der amerikanischen Post als Zeugin zur Verfügung stehen. Das Justizministerium in Washington, dessen Anwälte die Post vertraten, sahen darin den taktischen Vorteil zu demonstrieren, dass das Unternehmen genauso von Armstrong düpiert wurde wie der *US Postal Service*. Der ehemalige Radprofi wollte im Gegensatz dazu beweisen, dass seine Kernbehauptung richtig ist: *Nike* habe doch gar keinen Schaden erlitten, nur weil er jahrelang fortwährend behauptet hatte, dass er nicht gedopt war, obwohl er den Erfolg nur dank des geschickten betrügerischen Einsatzes verbotener Substanzen errungen hatte.

Obwohl sich *Nike* dagegen wehrte, in den Prozess hineingezogen zu werden, musste das Unternehmen 2015 einen Teil der angeforderten Emails herausrücken, in denen spezifische Aspekte der Geschäftsbeziehung zu Armstrong erörtert wurden. Sie blieben bis heute unter Verschluss.

Wie man einen Reifen wechselt

LANCE ARMSTRONG: „Hi, I am Lance Armstrong, seven-time win-ner of the Tour de France. *Hey, I didn't write the script. Today I teach you how to change a flat tire."*

Wir erinnern uns an die Frage, die Juliet Macur aufgeworfen hatte: „Was ist das für ein Mensch?"

Soziopath wäre gewiss ein guter Begriff. Und natürlich Held. Held einer zielstrebig betriebenen Selbstinszenierung, die auf einer sportlichen Bilanz fußte, die unanfechtbar schien. Darauf und auf ei-ner perfekt eingefädelten Stilisierung zum Wohltäter der Massen im Kampf gegen den Krebs. Verbunden mit einem selbstbewussten Auf-treten, mit dem er alle bluffte.

Als er nach seinem siebten *Tour-de-France*-Erfolg bei der Sieger-ehrung auf den Champs-Élysées in Paris stand, wähnte er sich am Ziel. Er fügte seinem Abschied vom Sport einen Gruß voller Pathos hinzu: „An alle Zyniker: Ihr tut mir leid, dass ihr nicht an Wunder glauben wollt. Das ist ein großartiges Sportereignis, bei dem harte Ar-beit gewinnt."

LANCE ARMSTRONG: „And finally, the last thing I'll say to the people who don't believe in cycling, the cynics and the skeptics: I'm sorry for you. I'm sorry that you can't dream big. And I'm sorry you don't believe in miracles. But this is one hell of a race. This is a great sporting event and you should stand around and believe it. You should believe in these athletes, and you should believe in these people. I'll be a fan of the Tour de France for as long as I live. And there are no secrets — this is a hard sporting event and hard work wins it. So Vive le Tour *forever!"*

„Zyniker" – es war klar, wen er meinte. Aber es dürfte mittlerweile auch klar sein, wer die wirklichen Zyniker waren und noch immer sind. Denn seitdem sind ein paar Jahre vergangen. Lance Armstrong sah irgendwann keine andere Möglichkeit mehr, als in einem langen Fernsehinterview fast alles zuzugeben, was ihm wenige Monate zuvor im Rahmen des umfangreichsten Doping-Verfahrens in der Geschichte des Sports mehr als hinreichend nachgewiesen worden war.

LANCE ARMSTRONG: „I view this situation as one big lie that I repeated a lot of times."

Eine riesige Lüge, bei zig Gelegenheiten wiederholt.

„Je berühmter er wurde, desto größer wurde die Lüge und entwickelte sich zu einem Monster", sagte David Walsh später gegenüber der amerikanischen Zeitschrift *Esquire.* „Die Lüge hat ihn eingesperrt. Sie hat ihn auf eine bestimmte Weise kontrolliert."

Die Folgen seines späten Geständnisses reichen weit. Die Beichte hat am Ende Armstrong tatsächlich um einen erheblichen Teil seines Vermögens gebracht. Zumindest um ein Stück all dessen, was er nicht schon frühzeitig mit Hilfe kluger Finanzberater in Firmen- und privaten Stiftungskonstruktionen etwa für seine Kinder untergebracht hat, wo das Vermögen nicht von Gläubigern und Gerichtsvollziehern angetastet werden kann. Aber es wird ihm vermutlich erlauben, eines Tages aus dem Randdasein des Geächteten herauszukommen. Und sich als der geläuterte Typ zu betätigen, der das Reinwaschprogramm der Öffentlichkeit hinter sich hat. Als der reuige Sünder, dem man verzeiht.

Seit einer ganzen Weile kann man bereits die Umrisse dieser Anstrengungen erkennen. So wie etwa in einem witzig gemeinten Video für das amerikanische Magazin *Outside,* das ihn jahrelang mit

Titelgeschichten begleitet und oft genug unkritisch gefeiert hatte: „Heute bringe ich Ihnen bei, wie man einen Reifen wechselt", gab er da zum Besten. Es war wie die perfekte Metapher für einen Neuanfang nach einem nicht besonders großen Schaden – einem Platten. Der Ex-Star in den Niederungen der *soigneurs* und Mechaniker: Das wirkte anspruchslos und genügsam, aber war natürlich nichts anderes als eine Showeinlage.

Seine wirklichen Ambitionen werden deutlich, wenn er gelegentlich bei Veranstaltungen auftaucht und hier und da Interviews gibt. Sein Hauptinteresse gilt jedoch seit dem Sommer 2016 vor allem einer Serie von Podcasts, die er unter dem Titel *Forward* kostenlos ins Netz stellt. Er bekommt dafür erstaunlich viele namhafte Figuren vor sein Mikrofon, was zeigt, dass der Reifenwechsel gut vonstatten kommt. Darunter befanden sich bislang die ehemalige Tennisspielerin Chris Evert und der Schauspieler Ben Foster, der ihn in dem Film *The Program* spielt und als reinen Fiesling auf die Leinwand gebracht hatte.

Häufig genug findet er für diese Deutung der Dinge Partner, die ihn öffentlich in seiner Suche nach Rehabilitation bestärken. Anfang Januar 2018 kam der Skifahrer Bode Miller zu Besuch und gab seinem Gastgeber Hilfestellung, dessen Vergangenheit zu bagatellisieren.

Armstrong bekommt so etwas sehr geschickt hin. Im Fall von Miller griff er offen und offensiv eine Episode von 2006 auf, als der scharfzüngige Pistenrebell im Magazin *Rolling Stone* in einem Interview seine Kritik an den Verhältnissen im Sport so formulierte: „Wenn man betrügen will, kann man es: Barry Bonds betrügt wissentlich, aber es gibt verschiedenste Schlupflöcher. Bei Lance und anderen Typen steht jeden Tag der Doktor da und gibt eine Box mit Pillen aus. Sie fragen nicht nach, sie schlucken die Pillen einfach."

Der öffentlich geäußerte Verdacht brachte Armstrong damals sofort in Fahrt. „Ich mache den Typen kaputt", war seine erste Reaktion. Weshalb er sich sogar bei der Firma *Nike* beschwerte, die damals mit beiden Sportlern hochdosierte Werbeverträge unterhielt. Denn der Radfahrer hatte mächtige Freunde und hatte sich längst auf eine derartige Taktik eingeschossen. Wie etwa im Umgang mit dem dopingkritischen, ehemaligen *Tour-de-France*-Gewinner Greg LeMond. Dessen geschäftliche Beziehungen zum Radhersteller *Trek*, der mit beiden vertraglich verbunden war, torpedierte Armstrong damals mit Erfolg.

Die Plauderei mehr als zehn Jahre später mit dem inzwischen 40 Jahre alten ehemaligen Weltcup-Sieger und Vater von vier Kindern ging natürlich auf solche Dinge nicht ein. Zumal Miller sein Bestes tat, um seine Kritik von einst zu relativieren. Und das obwohl sich seine Mutmaßungen als korrekt herausgestellt hatten. Er klang entschuldigend, als er erklärte, „ich wünschte mir, ich hätte das Thema besser rübergebracht." Armstrong sei ja nur einer von vielen gewesen, die ihre Leistungen mit illegalen Mitteln verbessert hatten.

Dann und wann dürfen Journalisten die Podcast-Produktionen beobachten. So wie die *Washington Post*, die im November 2016 einen langen Artikel über das Projekt publizierte, mit dem er schätzungsweise 150.000 Zuhörer erreicht. Offizielle Zahlen gibt es keine. Obwohl: Einige Kennziffern existieren und sind durchaus beachtlich. 3,4 Millionen Menschen folgen ihm etwa auf *Twitter* und über 200.000 auf *Instagram*.

Als provisorisches Aufnahmestudio nutzt Armstrong unterschiedliche Örtlichkeiten. Zu ihnen gehört sein klimatisierter, mit Mahagoni-Schränken ausgerüsteter Weinkeller in seinem Haus in Austin. Dort lagern dem Vernehmen nach um die 2000 Flaschen. Wie es sonst noch in der Villa aussieht, durfte die Wohnzeitschrift *Architectural Digest* im Frühjahr 2016 komplett durchfotografieren. Die Geschichte ging wenige Monate später online.

Sobald Medien ins Spiel kommen, steckt bei Armstrong gewöhnlich ein handfester Grund dahinter. Offensichtlich auch hier: Er hatte schon eine Weile lang die Absicht, sich von dem Haus zu trennen, das er erst 2013 gekauft hatte, nachdem er vorher eine etwas größere und teurere Latifundie losgeschlagen hatte. Das Publizieren der Interieurs gehört zu den Taktiken im Immobiliengeschäft. So kann ein Objekt einem größeren Kreis von Interessenten vorgeführt werden. Allerdings waren seine Preisvorstellungen bislang zu hoch. Sonst hätte er nicht Anfang 2017 die Forderung von 8,25 Millionen auf 7,9 Millionen Dollar reduziert. Bislang hatte auch das keinen Erfolg.

Die Idee für den Podcast stammt von seinem Medienberater Mark Higgins, berichtete die *Post*. Der brauchte allerdings eine Weile, um seinen Klienten davon zu überzeugen. Das ist nun nicht mehr notwendig. „Ich habe mich in diese Position gebracht, wo ich überhaupt keine Plattform mehr hatte", erzählte Armstrong dem Reporter von der *Washington Post*. Die hat er nun. Sie ist sogar ausbaufähig. Im Sommer 2017 kommentierte er zum Beispiel erstmals täglich die *Tour de France* im Podcast-Format.

Aber genau genommen kontrolliert er damit seine eigene Zukunft noch immer nicht. Trotz all der Anstrengungen, die so aussehen, als sei er ein geläuterter Typ, der „höllenartige fünf Jahre" hinter sich hat, wie er dem Magazin *Outside* verriet, das sich seit Jahr und Tag rührend darum kümmert, dass er in der amerikanischen Öffentlichkeit so positiv wie möglich wegkommt. „Die meisten Leute würden sicher sagen: ‚Ich hasse es, das viele Geld zu verlieren. Ich hasse es, dass ich verklagt worden bin. Ich hasse es, dass Leute so viel Scheiße über mich erzählen.' Aber ich sitze hier heute und sage, man hat mir einen Gefallen getan."

Er habe in Anna Hansen eine großartige Lebensgefährtin, habe großartige fünf Kinder im Alter von sechs bis 17 und könne sehr viel Zeit mit ihnen verbringen. „Und ebenfalls unglaublich wichtig ist, dass ich weiß, wer meine Freunde sind. Wieviele Menschen auf der Welt wissen wirklich, wer ihre Freunde sind."

Zu denen gehören eindeutig eine kleine Schar von Radfahrern, die schon in seiner aktiven Zeit mit ihm unter einer Decke steckten. Wie George Hincapie, der erst ganz spät seine Doping-Vergangenheit und seine Mitwisserschaft eingestand und seitdem nichts dabei fand, Frankie Andreu als seinen persönlichen Mentor in Fragen der Leistungsmanipulation zu bezichtigen.

Der Rechtsstreit mit der amerikanischen Post, mit dem Justizministerium und Floyd Landis, der viel Geld kostete, schwebte anfänglich natürlich stets über allem. Lance Armstrong kannte das Risiko und klang besorgt: „Wenn das für uns in die falsche Richtung geht, stehen wir auf der Straße", sagte er irgendwann. „Lasst uns hoffen, dass es nicht in die falsche Richtung geht."

Es läuft im Grunde genau seit dem 22. Februar 2013 in die falsche Richtung. Damals hatte er im Interview seine Doping-Vergangenheit zumindest pauschal eingestanden. Und genau an diesem Tag sprang das Justizministerium in Washington mit drei Jahren Verspätung endlich der amerikanischen Post bei und warf seine Ressourcen in die Schlacht in dem von Floyd Landis angestrengten Schadenersatzprozess. Die dazu herausgegebene Pressemitteilung stellte fest, dass der *US Postal Service* allein zwischen 2000 und 2004 im Rahmen des Jahre zuvor abgeschlossenen Sponsorenvertrags eine Summe von etwas mehr als 30 Millionen Dollar an Armstrong und sein Team überwiesen hatte. Diese Vereinbarung besaß eine eindeutige und von niemandem bestrittene Klausel. Die Radprofis hätten sich an alle Regeln zu halten, was natürlich auch die Regeln gegen Doping einschloss.

Die Bekanntmachung bestätigte noch einmal die Rechtslage auf der Grundlage des *False Claims Act*. Er enthält einen sogenannten *Qui-Tam*-Paragraphen, besser bekannt als Whistleblower-Paragraph, der besagt, dass gewöhnliche amerikanische Staatsbürger als Privatleute solche Klagen einreichen dürfen. Der lateinische Begriff entspringt der britischen Rechtstradition, in der Adel und Monarchie einen besonderen Platz einnehmen, und ist eine Abkürzung für eine gerichtliche Anordnung, die einer Privatperson, die eine Strafverfolgung unterstützt, einen Teil des erstrittenen Bußgeldes zusprechen kann. Komplett lautet sie *qui tam pro domino rege quam pro se ipso in hac parte sequitur* und steht für jemanden, der „in dieser Angelegenheit sowohl für den Herrn König als auch für sich selbst klagt".

Die Erklärung des Ministeriums in Washington signalisierte, dass Lance Armstrong gegen die nun zusätzlich eingebrachte, geballte Jurisprudenz einen sehr schweren Stand haben würde. Aber am Ende war er trotzdem in der Lage, das Schlimmste zu verhindern.

Hintergrundgeräusche

Mich haben Typen immer interessiert, die so jemanden wie Lance Armstrong wider besseres Wissen unterstützen. Die selber lügen müssen, um die Lüge für alle am Leben zu erhalten. Die Entschuldigungen und Ausreden entwickelt haben, warum sie nicht anders können.

Weshalb ich auch im Laufe der Jahre immer stärker das Bedürfnis hatte, die Befindlichkeiten von ins Armstrong-Netz verwickelten Menschen aufzuspüren, die fast alle mal so angefangen hatten, wie das in dem feinsinnigen Song *Kleine Lügen* von Max Raabe kurz und knapp folgendermaßen beschrieben wird:

„Kleine Lügen sind fast wahr

Wenn sie gut sind ,sind sie unbezahlbar

Bedeuten keine Gefahr

Und sie machen das Leben reicher."

Die Bandbreite der Gesprächspartner entwickelte sich im Laufe der Zeit zu meiner eigenen Überraschung zu einer stattlichen Galerie. Es waren Ex-Radprofis wie Tyler Hamilton und Floyd Landis. Zahlreiche Journalisten, die sich tief im Thema befanden. Der Firmensprecher eines Radherstellers, der so tat, als habe Armstrong seinen Arbeitgeber betrogen. Ein Rechtsanwalt, der eine von Armstrong verklagte Firma vertrat. Ein Arzt, der in seinen Jahren bei der *Tour de France* nur etwas geahnt haben will, aber nichts gewusst.

Es gehörte der Chef der amerikanischen Anti-Doping-Agentur dazu und ein Chemiker, der schwer zu dechiffrierende, verbotene Substanz-Cocktails entwickelt hatte. Ich traf den erfolgreichen Filmemacher Alex Gibney, der ebenfalls in den schmuddeligen Strudel geraten, aber dann doch noch in der Lage gewesen war, sich öffentlich wieder reinzuwaschen – mit einem Dokumentarfilm, der Armstrong als Lügner brandmarkte. Und dann war da natürlich Betsy Andreu. Für mich so etwas wie der Leuchtturm in diesem Skandal. Eine Frau, die konsequent niemals von ihrer Linie abgewichen war und keines ihrer Erlebnisse in die Schrankschublade mit dem Etikett „Selektive Erinnerungen" weggesperrt hatte.

All diese Gespräche und die enorme Menge an Detailinformationen, die sie lieferten, brachten mich irgendwann auf eine Idee. Ich machte mich auf den Weg, um mit einem Fachmann zu reden, der mir die Zusammenhänge und die Verhaltensmuster von Sportlern wie Lance Armstrong erklären konnte. Der Weg an diesem schwülen New Yorker Nachmittag war nicht weit. Denn der Psychoanalytiker Dr. Stanley Teitelbaum, der ein Buch zu dem Gesamtkomplex geschrieben hat, lebt und arbeitet in Manhattan.

Die Lektüre seines Buches kann einem dabei helfen, die Problematik vor allem im Hochleistungssport angesichts seines besonderen Stellenwerts in der Öffentlichkeit zu verstehen. Die Schrift heißt *Athletes Who Indulge their Dark Side* – Athleten, die ihrer dunklen Seite nachhängen.

Sportler werden heute vor allem in Amerika immer häufiger in einem Milieu groß, in dem es keine klaren moralischen Grenzen gibt und in dem die Gesellschaft den ganz jungen, aufstrebenden Talenten nur selten welche setzt. Sie entwickeln sich zu komplexen narzisstischen Charakteren, die ein verzerrtes Bild von sich selbst haben. Solange bis sie erwischt werden und abstürzen. Und oft genug auch noch danach.

STANLEY TEITELBAUM: „It's all about narcissism. It's what I refer to as the acquired distorted self image. That's sort of a transla-

tion of narcissism for these professional athletes. It's an acquired distorted self image in which we the people, we the public, have conditioned them to believe that they are the center of the universe, that they are up there on the pedestal. And that they can do whatever they want and not have worry too much about the consequences. But if they fall, they kind of have the illusion that somehow they get off. And very often they do get off. At least up to a point. Before they don't."

„Es handelt sich um Narzissmus. Um ein verzerrtes Bild von sich selbst. Ein Bild, das sie sich anfertigen, aber für das wir, die Öffentlichkeit, die Voraussetzungen geschaffen haben. So dass sie glauben, sie seien der Mittelpunkt des Universums. Und dass sie tun und lassen können, was sie wollen, und sich über die Konsequenzen keine Sorgen machen müssen."

Teitelbaum hatte für das alles einen besonderen Begriff geprägt: das vergiftete Sportlerprofil. Es besteht aus drei Persönlichkeitsmerkmalen: aus dem Glauben an die eigene Attraktivität, aus Arroganz und Anspruchsdenken. Ein Dreieck, das die Psyche steuert und sie auf Abwege bringt.

Jemanden, der in diesen Handlungskoordinaten wichtige Hilfestellung leistet, konnte ich im Herbst 2013 besuchen, zehn Monate nach dem Fernsehgeständnis von Lance Armstrong. Die Gelegenheit zu einem Abstecher nach Waterloo ergab sich auf einer Reise nach Wisconsin. Benannt nach dem berühmten Ort in Belgien liegt das amerikanische Waterloo auf dem platten Land auf halber Strecke zwischen Madison und Milwaukee. Hier wurde der Fahrradhersteller *Trek* gegründet und hat hier noch heute seinen Sitz. Ich konnte dort mit eigenen Augen und Ohren nachvollziehen, wie eine Firma weiter existiert, die sich von ihrem wichtigsten Werbehelden trennen musste, weil alles andere dem Image des Unternehmens massiv geschadet hätte. Eine

Firma, die mit dem Absturz dieses Mannes allerdings auf eine kuriose Weise umgegangen war.

Ich hatte gelesen, was *Trek*-Haupteigentümer John Burke gesagt hatte, als er zu den historischen Aspekten der Erfahrung mit dem Sportbetrüger Lance Armstrong gefragt wurde. Er offenbarte sich darin als Zyniker erster Klasse: „Sicher", sagte er. „Das ist eine traurige Geschichte. Aber das Gute daran ist, dass weit mehr Menschen seinetwegen Radfahren."

Narzissten und Zyniker. Was für eine Kombination.

Burke traf ich nicht, dafür aber seinen Pressesprecher Eric Bjorling, der mich durch das gesamte Haus führte.

JÜRGEN KALWA: „You still have people working."

ERIC BJORLING: „We do."

JÜRGEN KALWA: „Everybody else has a weekend."

ERIC BJORLING: „I know, these guys are hard at work. We've got a lot of orders."

Der Besuch war lehrreich. Denn ich konnte auf diese Weise nachvollziehen, wie man bei *Trek* seine eigene Geschichte radikal geschreddert hatte, um mit der Vergangenheit umzugehen. Die Bilder mit Armstrong, mit denen man einst das gesamte Foyer tapeziert hatte, waren verschwunden. Es gab auch keine Hinweise auf den dubiosen Teil der eigenen Rolle in diesem Doping-Netzwerk. Das Unternehmen hatte einst mit Armstrong zig Millionen verdient und ihm als Dankeschön sogar einen kleineren Anteil an der Firma vermacht. Nun tat man so, als sei man nicht Mitwisser und Mittäter, sondern ein Opfer des Skandals und sei von dem Texaner übel hinters Licht geführt worden.

Man hätte zwar in Waterloo die Details schon sehr früh erfahren können. Aber daran schien man nicht interessiert.

ERIC BJORLING: „*The Armstrong thing definitely shook us up a lot. A lot of the time we were learning those things just along with the rest of the world.*"

„Die Sache mit Armstrong hat uns gewiss stark durchgerüttelt. Denn wir haben oft die Details im selben Moment erfahren wie der Rest der Welt."

Wie bequem.

Wo doch *Trek*-Inhaber John Burke einst im Vorstand von *Tailwind* saß, jener vom ehrgeizigen Investmentbanker Thomas Weisel gegründeten Firma, die Armstrongs Rennställe namens *US Postal Service* und *Discovery* betrieb. Es war die wichtigste Schaltstelle für den Fluss von Millionen von Dollar und den Einfluss auf den gesamten amerikanischen Radsport gewesen. War die Konstruktion, über die ein Manager wie Bill Stapleton alle Abläufe kontrollieren konnte.

Noch mehr wirkte dubios: dass während der *USADA*-Ermittlungen gegen Lance Armstrong ein Kongressabgeordneter ausgerechnet aus demselben Bundesstaat – aus Wisconsin – massiv hinter den Kulissen antichambrierte. Der Republikaner John Sensenbrenner hatte die Absicht, die Anti-Doping-Agentur einzuschüchtern, um so das Verfahren gegen Armstrong über einen dunklen Kanal zu Fall zu bringen – über die Hintertüren der Washingtoner Politik. Seine Absicht war unverhohlen: Zu Gunsten von Lance Armstrong den Ruf der zum Teil mit Steuergeldern finanzierten Anti-Doping-Agentur zu beschädigen.

Sensenbrenner scheiterte. Wohl auch, weil seine durchsichtigen Bemühungen öffentlich bekannt wurden.

Schaden drohte lange Zeit auch Thomas Weisel. Der Finanzier von Armstrongs Team kam aber davon. Dabei ist er die markanteste Symbolfigur für die Strukturen dieses mafiösen Netzwerks im kommerziellen Sport, das gewöhnlich nur mit dem Namen des Team-Captains verbunden ist.

Weisel ist ein Absolvent der *Harvard Business School*, der nicht nur den Aufstieg des jungen Triathleten Lance Armstrong zu einem dominierenden Straßenradfahrer finanzierte. Er war nach Aussage der Team-Masseuse Emma O'Reilly ganz offensichtlich einer von denen, die im Juli 1999 bei der *Tour de France* den Plan ausheckten, Armstrong ein rückdatiertes Rezept zu besorgen, um so einer zweijährigen Sperre für einen zu hohen Kortisonwert zu entgehen.

Es war einer der entscheidenden Augenblicke in der Karriere von Lance Armstrong. Der Moment, in dem diese Karriere gerettet wurde, noch ehe sie richtig in Fahrt kam.

Weisel bestreitet, je irgendetwas über Doping gewusst zu haben. Was Tyler Hamilton zum Beispiel verwundert, der einst Weisel persönlich erlebt hatte:

TYLER HAMILTON: „I can't imagine that he knew absolutely nothing. To me, if he knew nothing then he wasn't doing his job. He never asked me about doping, never asked, if I was doping. As far as I can see, he didn't want to know."

An Weisel fiel ihm vor allem eine Charaktereigenschaft auf. „Lance ist eine jüngere Ausgabe von Thom Weisel. Beide waren extrem getrieben. Wenn sie sich etwas vornahmen, hast du entweder mitgezogen oder dich ihnen gar nicht erst in die Quere gestellt."

TYLER HAMILTON: „He and Lance were two of the same. Lance is almost just like a younger Thom Weisel. Just that there are both very driven, very focused on the task at hand. Basically, when they set their goal here, don't get in the way. Either help them out or get the fuck out of the way."

Matt Smith, investigativer Reporter in San Francisco und Autor mehrerer umfassender Berichte über Weisel und sein Wirken, ermittelte im Rahmen seiner Arbeit mehrfach, wie weit diese Macht ging. Er fand einen zentralen Hinweis auf das Gefüge hinter den Kulissen.

MATT SMITH: „During a certain period of time Lance Armstrong's benefactor controlled not only his team, but also the regulator that oversaw his team, making kind of an interesting situation in that tiny little US sport called bicycle racing."

Das Netz entfaltete sich in alle Richtungen. Tatsächlich wusste Weisel schon immer mehr, als er öffentlich zugab. So wusste er unter anderem, dass die Radfirma *Trek* mit dem Projekt Armstrong zusätzlich auf eine eher ungewöhnliche Weise verbandelt war. Sie hatte einen Vertreter im Vorstand der Managementfirma *Tailwind* sitzen: ihren Chefmanager John Burke. Und natürlich kannte Weisel das Potenzial und die Gefahren der Doping-Substanz EPO. Er hatte schließlich Jahre zuvor als Investmentbanker die kalifornische Firma *Amgen*, einen der wichtigsten Hersteller von EPO, an die Börse gebracht und dabei nicht schlecht mitverdient.

Man sollte nicht vergessen, dass Weisels Firma außerdem jahrelang Teile des Privatvermögens des 2017 verstorbenen ehemaligen internationalen Radsport-Präsidenten Hein Verbruggen verwaltete und ertragreich anlegte. Eine Geschäftsbeziehung, die über einen gewissen Jim Ochowicz zustande kam, der einst das *Motorola*-Team mit dem aufstrebenden Armstrong gemanagt hatte, dann Investmentberater wurde, schließlich bei Weisel anheuerte und irgendwann, von Weisel protegiert, zum Präsidenten des amerikanischen Radsportverbandes aufstieg.

Über die Höhe der Summe darf spekuliert werden. Ochowicz weigerte sich 2013 in einem Gespräch mit dem *Wall Street Journal*, in

Details zu gehen. Bemerkenswert genug: Verbruggen hatte noch 2008 gegenüber derselben Zeitung jede geschäftliche Verbindung zu Ochowicz oder Weisel bestritten.

Als die Verbindung mit reichlich Verspätung dann doch noch bekannt wurde, ging Verbruggen zum Angriff über: „Das war nicht illegal." Wer auf den offensichtlichen Interessenkonflikt aufmerksam machen wollte, sei einfach nur zynisch.

Der Holländer Verbruggen fand denn auch rein gar nichts dabei, irgendwann in seiner zweiten Heimat in der Schweiz einen irischen Journalisten zu verklagen, weil er sich durch dessen Arbeit für eine britische und eine französische Publikation in seiner Ehre gekränkt fühlte. Es war nicht die erste harte Attacke gegen Paul Kimmage, einen ehemaligen Radprofi, der nach dem Ende seiner Karriere sein Talent fürs Schreiben und Interviewen entdeckt hatte. Die erste servierte Lance Armstrong bei einer Pressekonferenz 2009 in Kalifornien, nachdem er zum aktiven Sport zurückgekehrt war.

„Du hast kürzlich über die Rückkehr von Ivan Basso und Floyd Landis gesprochen und gesagt, dass man sie willkommen heißen sollte", sagte Kimmage.

PAUL KIMMAGE: „Lance, you've spoken recently about the return of Ivan Basso and Floyd Landis after their suspensions, and compared them to David Millar – and that they should be welcomed back in the way that David Millar was welcomed back. There was one obvious difference in that David Millar has been very pronounced in his anti doping stance, whereas these guys have admitted to nothing. What is it about these dopers that you seem to admire so much?"

Armstrong zuckte mit keiner Wimper, fragte Kimmage zunächst nach seinem Namen und behauptete fälschlicherweise, dass er ihn andernfalls nicht erkannt hätte. Dann begann er mit einer außergewöhnlichen Tirade.

LANCE ARMSTRONG: *„When I decided to come back, for what I think is a very noble reason, you said, ,Folks, the cancer has been in remission for four years, our cancer has now returned', meaning me. I am here to fight this disease."*

„Als ich die Entscheidung getroffen habe, zurückzukommen – für einen edlen Grund – hast du gesagt, der Krebs sei zurückgekehrt…"

LANCE ARMSTRONG: *„…so I think, it goes without saying, no we are not going to sit down for an interview. You are not worth the chair you are sitting on with a statement like that, with a disease that touches everyone around the world."*

„…man muss also gar nicht lange herumreden: Du bist den Stuhl nicht wert, auf dem du sitzt. Mit einer solchen Aussage und angesichts einer Krankheit, die jeden überall auf der Welt berührt."

Es handelte sich um einen Versuch, nicht nur Kimmage einzuschüchtern. Die Attacke war eine Warnung an alle anwesenden Journalisten.

Um nichts anderes ging es Hein Verbruggen, nachdem Kimmage lange Auszüge aus einem ausführlichen Interview mit dem geständigen Floyd Landis veröffentlicht hatte. Erschienen war das Protokoll in der *Sunday Times* in London und in *L'Equipe* in Frankreich. Ich traf Paul Kimmage so wie auch David Walsh am Rande des Golf-*Masters* in Augusta, das er jedes Jahr mit einem bemerkenswerten Sinn für Themen und sprachliches Feingefühl begleitet. Unser letztes Gespräch fand 2016 vor dem Prozess statt.

PAUL KIMMAGE: *„I spent seven hours with him. And it is probably the most important interview I have ever done in 26 years in journalism, and the most significant interview in those 26 years. Because* *of what he said and because someone like me who had been in the sport all my life, I came away from that interview thinking differently about it, thinking differently about what one of the root causes of the doping problem in the sport was. Mainly that governing bodies were not actually doing what they should be doing. It told you a lot more about the culture of the sport and the reasons that people like Floyd and, indeed, people like Lance made the decisions they made. That wasn't just about the riders. That there were people in high positions, people who governed the sport, who were not actually doing it the way they should be doing it. They were not actually applying, if you want, the same standards to everybody in the sport."*

Das Interview mit Landis hatte sieben Stunden gedauert, sagte Kimmage. „Und es ist vermutlich das wichtigste und signifikanteste Interview, das ich in meinen 26 Jahren im Journalismus geführt habe. Denn ich kannte ja den Sport aus meiner aktiven Zeit von innen. Ich habe plötzlich anders über alles nachgedacht. Vor allem über eine der Wurzeln des Übels. Nämlich, dass die Verbandsoberen nicht das taten, was sie eigentlich tun sollten. Die Verhältnisse im Radsport ermöglichten Leuten wie Floyd und Lance, solche Entscheidungen zu treffen. Die Funktionäre hatten für unterschiedliche Fahrer unterschiedliche Regeln."

Unterschiedliche Regeln, aber sicher doch. Der Holländer Verbruggen entschied sich deshalb in seiner juristischen Auseinandersetzung mit Kimmage über angeblich rufschädigende Aussagen im Interview weder für Orte in Großbritannien noch Frankreich als Gerichtsstand.

Er wählte lieber die Schweiz.

Im Kreisgericht von Vevey im Kanton Waadt entschied Richterin Christine Piguet, dass Paul Kimmage und Floyd Landis dem Beschwerdeführer tatsächlich Unrecht zugefügt hatten. Es war in ihrem

Urteil keine Rede von der Verantwortung und der Rolle der Medienunternehmen, deren Veröffentlichung die strittigen Behauptungen überhaupt erst zum Fait accompli gemacht hatten.

Das System bot solche Möglichkeiten, um Menschen gezielt herauszupicken und sie zu schikanieren. Was besser funktioniert, wenn man sich Gegner vorknöpft, die als freie Journalisten nur über bescheidene finanzielle Mittel verfügen, um sich zur Wehr zu setzen. Anstatt die riesigen Konzerne zu verklagen, für die diese Journalisten arbeiten.

Der ebenfalls verklagte Floyd Landis kam im Unterschied zu Paul Kimmage allerdings gar nicht erst in die Schweiz. Er wurde in Abwesenheit verurteilt.

Als Landis und ich uns trafen, las ich ihm die ellenlange Aufstellung zur Auffrischung des Gedächtnisses vor und fragte ihn dann, ob er seine Schmähungen wiederholen werde, in die er Verbruggens Amtsnachfolger Pat McQuaid einbezogen hatte. Und das obwohl ihm dies in der Schweiz untersagt worden war.

JÜRGEN KALWA: „Here is what you are not allowed to say anymore. So let me say it: That the UCI, McQuaid and Verbruggen have ,concealed cases of doping, received money for doing so, have accepted money from Lance Armstrong to conceal a doping case, have protected certain racing cyclists, concealed cases of doping, have engaged in manipulation, particularly of tests and races, have hesitated and delayed publishing the results of a positive test on Alberto Contador, have accepted bribes, are corrupt, are terrorists, have no regard for the rules, load the dice, are fools, do not have a genuine desire to restore discipline to cycling, are full of shit, are clowns, their words are worthless, are liars, are no different to Colonel Muammar

Gaddafi, or to make any similar other allegations of that kind.' So, you wouldn't want to repeat any of this to me?"

„Ich habe hier eine Liste mit dem, was Sie nicht mehr sagen dürfen – eine lange Aufzählung von Anschuldigungen, die ich Ihnen gerne vorlesen würde. Darunter befinden sich solche Vorwürfe wie: dass die beiden Männer angeblich Doping-Fälle vertuscht haben, dafür angeblich auch noch Geld bekommen haben, dass sie demnach also korrupt seien und lügen würden. Sie haben sie sogar als Terroristen beschimpft und dass sie so seien wie der ehemalige libysche Diktator Muammar al-Gaddafi. Das alles würden Sie also mir gegenüber nicht wiederholen wollen?"

FLOYD LANDIS: „I would be happy to read that back to you. As far as the terrorists and the Gaddafi part I am not sure. But look, these guys they absolutely accepted bribes. Both McQuaid and Verbruggen. They absolutely covered up that doping test. They know it. And I know it. And that's why they didn't want for me to come to the court to defend myself."

„Ich würde das ohne weiteres tun. Was die Terroristen und Muammar al-Gaddafi angeht, bin ich mir nicht so sicher. Diese Typen haben absolut Bestechungsgelder angenommen, beide, McQuaid und Verbruggen. Sie haben diesen Doping-Test verschleiert. Sie wissen es. Und ich weiß es. Und deshalb wollten sie nicht, dass ich vor Gericht erscheine, um mich zu verteidigen."

Kurze Anmerkung: Der Ire Pat McQuaid, der Nachfolger von Verbruggen an der Spitze des internationalen Radsportverbandes, hatte sich ursprünglich an der Klage gegen Landis und Kimmage beteiligt, sie später aber zurückgezogen.

Landis fügte mir gegenüber hinzu: Leute wie Verbruggen denken, sie seien immun.

162

Aber wenn man es genauer betrachtet, sind sie es offensichtlich auch. Man denke nur an folgendes Beispiel: an den Onkologen Prof. Dr. Lawrence Einhorn und seinen Kollegen Dr. Craig Nichols, die Lance Armstrong nach seiner Krebsdiagnose 1996 im Krankenhaus der *Indiana University School of Medicine* behandelten. Nichols hatte 2005 im *SCA*-Verfahren an Eides statt versichert, dass er keine Unterlagen in der Krankenakte seines Patienten kenne, die das Thema leistungssteigernde Substanzen auch nur abhandeln.

Daraus ergaben sich zwei Möglichkeiten: Entweder hatte er seine Sorgfaltspflicht als Arzt verletzt und nicht alle wesentlichen Fragen zu Armstrongs Gesundheitszustand gestellt. Oder er hatte bewusst die Unwahrheit gesagt.

Dr. Nichols gilt übrigens als Experte im Einsatz von EPO bei der Behandlung von Krebspatienten. Sie entwickeln mit fortschreitender Erkrankung häufig eine ausgeprägte Blutarmut, weil Tumorzellen ins Knochenmark einwandern und dort die blutbildenden Zellen verdrängen. Dagegen soll die synthetische Substanz helfen. Doch sie steigert gleichzeitig offenbar das Sterberisiko, statt es zu mindern. Unter anderem steigt die Wahrscheinlichkeit von Blutgerinnseln in Beinen und Lungen stark an.

Anwälte des Justizministeriums, die den Schadenersatzprozess der Post gegen Armstrong vorantrieben, wiesen in diesem Zusammenhang vor allem auf ein Detail hin: *Livestrong*, die Stiftung des Radfahrers, machte zwei Tage, nachdem im Rechtsstreit zwischen Armstrong, *Tailwind* und dem Versicherungsunternehmen *SCA* diese Fragen zum ersten Mal angeschnitten wurden, eine ganz beachtliche Spende über 1,5 Millionen Dollar.

Nach außen hin wurde das Geldgeschenk mit der Behauptung garniert, dass man damit Einhorn ehren wolle, dessen Krebstherapie

Armstrong das Leben gerettet hatte, nachdem ein Chirurg den belasteten Hoden und die Metastasen in der Lunge und im Gehirn herausoperiert hatte.

Der Dankesakt neun Jahre nach der Behandlung wäre wohl nur eine Randnotiz wert, wenn nicht so gut wie alle im Umkreis von Armstrong gelogen hätten, um seinen weitreichenden betrügerischen Komplott zu verschleiern. Doch tatsächlich ist der Vorgang ein weiteres starkes Indiz dafür, wie seine Helfershelfer und Handlanger dachten und arbeiteten.

Was schon im Rechtsstreit mit *SCA Promotions* hätte aufgeklärt werden können, wurde von Lance Armstrong und seinen Anwälten bestritten und vernebelt wie alles andere. Man praktizierte das Prinzip: Nichts als die Unwahrheit.

Um was ging es?

Nach Armstrongs schwerer Operation kam es am 27. Oktober 1996 zu einer Szene in einem Konferenzzimmer im Krankenhaus, die von mehreren Menschen miterlebt wurde, die damals zum engsten Zirkel der Vertrauten von Armstrong gehörten – darunter Betsy Andreu, ihr späterer Ehemann Frankie und Stephanie McIlvain. Betsy Andreu beschrieb in ihrer Vernehmung unter Eid im *SCA*-Verfahren den Ablauf.

BETSY ANDREU: „We drove to see him and spend some time with him. He was at a research hospital, which had doctors going in and out all the time. So two doctors, one for sure, I am presuming they were both medical doctors...there was a scheduled meeting, that Frank and I were part of with others in the room. And they were asking him some questions. Not many One of them was: Have you ever used performance enhancing drugs?"

„Wir sind hingefahren, um Zeit mit ihm zu verbringen. Es war ein Universitätskrankenhaus, in dem Ärzte ständig ein- und ausgingen.

Zwei Ärzte, ich nehme an, beide waren Mediziner, kamen zu einem verabredeten Termin, bei dem Frankie, ich und andere mit im Zimmer waren. Und sie haben ihm ein paar Fragen gestellt."

Das Fernsehen lief – die Dallas Cowboys live gegen die Miami Dolphins, ein Spiel der National Football League.

Sie habe Armstrong gefragt, ob es nicht angebracht sei, angesichts der Ärzte den Raum zu verlassen. Aber Lance sagte: „‚Das ist okay. Ihr könnt bleiben.‘ Und ich habe mich zu Frankie gewandt und gesagt, ich denke, wir sollten gehen. Frankie sagte, ‚Nein, Lance sagt, es ist okay. Wir können bleiben.‘ Und dann hat der Doktor ihm ein paar Fragen gestellt, nicht viele, und eine der Fragen lautete: Haben Sie jemals irgendwelche leistungssteigernden Mittel genommen? Und Lance sagte: Ja.‘ Und der Arzt fragte: ‚Welche?‘"

BETSY ANDREU: „And Lance said, ‚Yes‘. The doctor said, ‚What were they?‘ And Lance said, ‚EPO, growth hormone, cortisone, steroids and testosterone.‘"

Wachstumshormon, Kortison, EPO, anabole Steroide und Testosteron.

Betsy Andreus Erinnerung an diesen Augenblick war auch deshalb so stark, weil sie von einer bestimmten Sorge erfasst war:

BETSY ANDREU: „I thought immediately that's how he got his cancer. And I was concerned that Frankie was doing what he was doing. And I was ready to call off our immediate wedding. He said, ‚I swear to God, I am not doing all that shit. I swear to God.‘ And he said, ‚I didn't even know Lance was doing everything that he was doing.‘"

„Ich dachte sofort: Daher kommt der Krebs. Und ich habe mir wegen Frankie Sorgen gemacht. Ich war so weit, unsere Hochzeit abzublasen. Frankie hat gesagt: ‚Ich schwöre dir, ich mache diesen ganzen

Scheiß nicht mit. Ich wusste nicht mal, was Lance alles genommen hat.'"

Während der Fernsehbeichte wollte die Interviewerin Oprah Winfrey von Lance Armstrong wissen, ob Betsy gelogen hatte. Doch der, der vorher so vieles eingestanden hatte, wich der Frage aus.

OPRAH WINFREY: „Was Betsy telling the truth about the Indiana hospital, overhearing you in 1996?"

LANCE ARMSTRONG: „I am not going to take that on. I am laying down on that one."

OPRAH WINFREY: „Was Betsy lying?"

LANCE ARMSTRONG: „eehh...I am just not. I am going to put that one down."

Hier ist das, was Lance Armstrong unter Eid 2005 erklärt hatte, als er von Jeff Tillotson, dem Anwalt von *SCA* befragt wurde. Er stritt damals alles komplett ab.

JEFF TILLOTSON: „Did any medical person ask you, while you were at the Indiana University Hospital, whether you had ever used any sort of performance enhancing drugs or substances?"

LANCE ARMSTRONG: „No. Absolutely not."

JEFF TILLOTSON: „That just never came up? As part of your treatment, no one ever asked you that?"

LANCE ARMSTRONG: „No."

JEFF TILLTOSON: „Do you deny the statements that Mrs. Andreu attributed to you in the Indiana University Hospital?"

LANCE ARMSTRONG: „100 percent, absolutely."

JEFF TILLTOSON: „Do you also deny what Mr. Andreu said regarding those statements?"

LANCE ARMSTRONG: „100 percent."

JEFF TILLTOSON: „Do you recall being in a conference room with Mr. and Mrs. Andreu and the other people that she described being there?"

LANCE ARMSTRONG: „My recollection is of being in a room, I don't know. Obviously, it wouldn't have been a hospital room, because they're too small, and there were too many people there watching a football game. What's interesting about those comments were, there were a lot of people missing."

JEFF TILLTOSON: „Give me, tell me what you mean by that."

LANCE ARMSTRONG: „Such as Jim Ochowicz, Bill Stapleton, my mother, John Korioth. There could have been 10 or 12 people in the room."

JEFF TILLTOSON: „And you recall those people being there?"

LANCE ARMSTRONG: „Roughly, yeah."

Am Tag bevor Armstrong sich bei Oprah Winfrey mit einem umfassenden Geständnis vor Millionen von Fernsehzuschauern von seinen alten Sünden zu befreien versuchte, rief er Betsy Andreu an.

BETSY ANDREU: „He called us on a Sunday. He taped with Oprah on Monday. And it aired the following Thursday and Friday. When he called he said, he said he was sorry and he told me he had done a lot of bad things to a lot of good people. I truly feel, for those 23 minutes, he was contrite. Unfortunately, it only lasted for these 23 minutes. Because afterwards he got into his fighting mode and just became the same old guy again. I told him: ‚You have to admit the hospital room happened, Lance.' He said: ‚I can't.' I said: ‚Why?' He said: ‚For legal reasons.' It wasn't authentic."

„Er hat am Sonntag angerufen. Am Montag wurde das Interview mit Oprah aufgenommen und einige Tage später ausgestrahlt. Er sagte, es täte ihm leid. Er habe sehr vielen guten Leuten sehr viel Schlechtes zugefügt. 23 Minuten lang klang er wirklich, als würde er alles bereuen. Aber dann kehrte er in seinen Kampf-Modus zurück. Ich sagte ihm: ‚Du musst zugeben, dass die Situation im Krankenhaus passiert ist.' Er sagte: ‚Das kann ich nicht'. Ich fragte: ‚Warum nicht?' Er sagte: ‚Aus juristischen Gründen.'"

JÜRGEN KALWA: „What would you say is the legal question?"

BETSY ANDREU: „This hospital room is where it all starts. It is the Pandora's box. Because it involves…there were…Frankie, Stephanie, Paige…six people in that room other than Lance, who heard it. Of those six people only three in the SCA *case were deposed. We now know that Stephanie McIlvain in part of her deposition lied under oath. She admitted that we were in the hospital room. She admitted two doctors came into the room. Whereas Lance said, it never happened. Now he is just kind of silent on it. But she said, when doctors started asking him questions, she just didn't hear anything. So, fast forward, Stephanie goes before the Grand Jury. The* Wall Street Journal *reports that she lied before the Grand Jury. Did Lance call Stephanie before the* SCA *case? What was his knowledge? What did he have to do with her lying? What was his knowledge? What did he have to do with her lying? Then, because she was his personal representative from* Oakley, *und then it goes to: What did* Oakley *know? Okay. Then it goes into the sponsors who surrounded themselves and protected him. We know* Nike. *They just protected him, protected him, protected him.* Trek *protected him.* Oakley *protected him. They supported him. What did they know? So, it is a domino effect. Then we go to the doctors in the hospital room."*

„Was für juristischen Gründe sind das?"

„In diesem Zimmer im Krankenhaus fing alles an. Das ist die Büchse der Pandora. In dem Zimmer waren…Frankie, Stephanie,

Paige…sechs Leute neben Lance, die das gehört haben. Von den sechs haben drei im *SCA*-Schiedsgerichtsverfahren ausgesagt. Wir wissen heute, dass Stephanie McIlvain in einem Teil ihrer Aussage unter Eid gelogen hat. Sie hat zugegeben, dass wir im Zimmer waren, hat zugegeben, dass zwei Ärzte ins Zimmer kamen. Während Lance behauptete, das alles hätte gar nicht stattgefunden. Sie hat gesagt, dass sie nichts gehört hat, als die Ärzte angefangen haben, Fragen zu stellen. Wir springen nach vorne: Stephanie muss vor der Grand Jury [in Los Angeles] aussagen. Das *Wall Street Journal* berichtet, dass sie vor der Grand Jury gelogen hat. So entsteht die Frage: Was hatte Lance für einen Kontakt zu Stephanie, ehe sie vor der Grand Jury ausgesagt hat? Was hatte er damit zu tun, dass sie gelogen hat? Sie war die unmittelbare Kontaktperson zwischen *Oakley* und Lance. Was wusste *Oakley*? Damit sind wir bei den Werbepartnern. Wir kennen *Nike*. Sie haben ihn geschützt, geschützt, geschützt. *Trek* hat ihn geschützt. *Oakley* hat ihn geschützt. Und dann sind da noch die Ärzte in dem Zimmer."

Diese Episode, die in ihren kleineren Facetten kompliziert klingt, weil so viele Personen, Firmennamen und eine medizinische Einrichtung darin vorkommen, und die schon mehr als 20 Jahre zurückliegt, kochte der Mann im Zentrum des Geschehens auf eine schlichte Essenz herunter: „Dazu sage ich lieber nichts", erklärte Armstrong im Fernsehen 2013 – im Gegensatz zu seiner Ankündigung, seine Doping-Vergangenheit en detail zu enthüllen und keiner Frage auszuweichen. Seine Weigerung, sich zu äußern, konnte schon damals als nichts anderes als ein Geständnis verstanden werden.

Auch für *SCA*-Anwalt Jeff Tillotson war die Szene im Krankenhauszimmer das Schlüsselereignis der gesamten Betrugshistorie und zugleich so etwas wie der Moment, von dem an alles in eine bestimmte Richtung lief. Alle wichtigen Handlungsfäden liefen entweder hier zum ersten Mal zusammen – also die Krebserkrankung und das von ihm schon damals praktizierte Doping – und sie entwickelten sich von hier aus weiter. Also auch solche Straftaten wie die Einschüchterung von Zeugen und Meineid. „Das war das einzige Mal, dass andere unter Eid gelogen haben, um Lance zu helfen", sagte Tillotson 2013 dem amerikanischen Sport-Blog *Deadspin*.

Dr. Larry Einhorn, dessen offizieller Titel an der *Indiana University Medical School Lance Armstrong Stiftung Professor für Onkologie* ist, zeigte sich in jenen Tagen von einer Seite, die demonstriert, wie wenig ihm am Wohl von vielen liegt und wie viel an seinem eigenen Fortkommen.

„Macht Ihnen das zu schaffen?" wurde er von einem Journalisten gefragt. „Überhaupt nicht." Gewiss, das Doping-Geständnis werde auf immer Armstrongs Ruf als Sportheld beschädigen. Aber nicht seine Reputation für das, was der Texaner gegen den Krebs getan hatte.

Die Logik eines Akademikers ohne ethischen Kompass ähnelt der Logik des Radherstellers John Burke von der Firma *Trek*, wonach Armstrong die Freizeitsportart Radfahren beliebter gemacht habe. Ähnelte dem Verhalten von *Nike* und dem der langjährigen Armstrong-Anwälte, die undifferenziert und von Beginn an der Legende festhielten, dass ihr Mandant unschuldig war.

„Lance hat im Sport betrogen", meinte Einhorn. „Aber weil er im Sport betrogen hat, wurde er zum Helden für zahllose, tausende wenn nicht sogar zehntausende Menschen und veränderte ihr Leben. Sowohl was die Zahl jener angeht, die überlebt haben, als auch deren Lebensqualität. Das wird sein Vermächtnis sein."

Wirklich? Es gab auch andere Sichtweisen.

Ich lernte die eines verbitterten Mannes kennen, der zunächst wie so viele sehr beeindruckt gewesen war und vollstes Vertrauen zu Lance Armstrong und seiner Krebsstiftung geschöpft hatte.

Er heißt Michael Birdsong, ein Software-Entwickler, der in Salt Lake City lebte und mir für die *ARD-Sportschau* folgende ganz persönliche Erfahrung mit der Lance-Armstrong-Stiftung schilderte. Seine Frau war 1998 an Brustkrebs erkrankt. Und beide fühlten sich von der Biographie des Radsportidols ungewöhnlich stark inspiriert. Es dauerte eine Weile, bis ihnen klar wurde, dass sie einem Betrüger aufgesessen waren.

MICHAEL BIRDSONG: „Over the years from about 2003 through 2008, those were my years of really big involvement I donated give or take a little bit about 50.000 to the Lance Armstrong Foundation. And my wife and I directly helped raise over another $30,000 from friends, relatives, co-workers, a couple of times complete strangers. Which shows you the power of this phenomenon. That's what it was. Even beyond all the money I volunteered hundreds of hours, both for this foundation, which I now kind of in ways regret. I was angry enough at that point that, yes, in April 2011 I sent an email to the CEO, please, asking for my money back. But I never actually got an official response. I guess, they assumed that, if they ignore me, I'd go away."

„Von 2003 bis 2008 habe ich der Lance Armstrong Foundation um die 50.000 Dollar gespendet. Meine Frau und ich haben daneben 30.000 Dollar bei Freunden, Verwandten, Arbeitskollegen und sogar von totalen Fremden locker machen können. Das zeigt Ihnen die Macht dieses Phänomens. Ich habe darüberhinaus hunderte von Stunden investiert und der Stiftung aktiv geholfen. Im April 2011 habe ich dem Geschäftsführer eine Email geschickt und um die Rücksendung meines Geldes gebeten. Ich erhielt keine Antwort. Ich nehme an, sie haben vermutet, dass ich sie in Ruhe lasse, wenn sie mich ignorieren."

Kopf in den Sand – das ist auch die Taktik von Johan Bruyneel geworden, der von Anfang an als Sportlicher Direktor des *US Postal Service* Teams an der Seite von Lance Armstrong eine zentrale Rolle spielte. Und den Armstrong bei seinem Comeback als den einzigen potenziellen Partner pries, mit dem zusammen er sich wieder an die Arbeit machen würde.

Auch der Belgier, der laut Feststellungen des amerikanischen Justizministeriums im Frühjahr 2004 einen Anteil von zwölf Prozent an der Firma *Tailwind* zugestanden bekam, die den Armstrong-Rennstall in den Jahren bis zu seinem ersten Rücktritt organisierte, sollte gezwungen werden, Rechenschaft abzulegen. Er gehörte neben Armstrong zu den Beschuldigten in dem von Floyd Landis angestrengten Schadenersatzprozess zu Gunsten der amerikanischen Post. Es entstand jedoch der Eindruck, dass er dem Verfahren durch Schweigen und fehlende Kooperation auszuweichen versuchte.

Das war bis zum Frühjahr 2017 durchaus eine sinnvolle Taktik. Denn Armstrong und seine teuren Anwälte taten bis dahin alles, was in ihrer Macht stand, den Prozess durch immer wieder neue Eingaben und Anträge zu verhindern. Diese Option stand seitdem nicht mehr zur Verfügung. Richter Christopher Cooper schloss das Vorverfahren ab und beraumte für den Spätherbst 2017 den Prozess an. Während des Sommers taktierte Armstrong erneut. Diesmal reichte er einen Antrag ein, um den ersten Verhandlungstag ins Jahr 2018 zu schieben. Einer seiner Anwälte reklamierte, dass er am 7. November, dem ursprünglich anberaumten Termin, woanders wichtige Verpflichtungen habe. Das Manöver hatte Erfolg. Das Warten ging weiter.

Zwischendurch konnten zwei in den Fall verwickelte Schlüssel-figuren durch eine außergerichtliche Einigung mit dem Justizminis-terium ihren Hals endgültig aus der Schlinge ziehen. Armstrongs Ex-Manager Bill Stapleton und Barton Knaggs, langjähriger Freund und Geschäftspartner, akzeptierten Schadenersatzzahlungen an die Post (jeweils 68.000 Dollar) und an Whistleblower Floyd Landis (jeweils 90.000 Dollar). Finanziell war dies ein beachtlicher Misserfolg für die Klägerseite, die 2014 bereits mit beiden eine Vereinbarung erzielt hat-te. Damals wurde ein Betrag von jeweils 600.000 Dollar verabredet. Dagegen war das Justizministerium jedoch in die Berufung gegangen, weil die Staatsanwälte den Eindruck hatten, dass die beiden Männer viel zu wenig von ihrem Wissen preisgegeben hatten.

Die Höhe der Beträge ließ übrigens bereits einen Schluss darauf zu, mit welchen Summen Lance Armstrong konfrontiert werden könnte, sollte er schuldig gesprochen werden. Man durfte schon damals mut-maßen, dass es weit weniger als die knapp 100 Millionen Dollar sein würden, die seit 2010 als Maximalbetrag im Raum standen.

Wenige Wochen zuvor, im Juni 2017, meldete sich übrigens auch der ebenfalls beklagte Johan Bruyneel mal wieder zu Wort, der offen-sichtlich nicht die Absicht hatte, sich der amerikanischen Justiz zu stellen, sondern lieber an seinem neuen Wohnort London ausharrte. Diesmal drängte er sich ungebeten über die *Twitter*-Timeline eines südafrikanischen Sportwissenschaftlers ins Bild, der seine Leser ge-fragt hatte: „Welches einzelne Ereignis hat die Glaubwürdigkeit von Sport bisher am meisten untergraben?"

Nicht wenige verwiesen in ihren Antworten auf das Verhalten von Lance Armstrong. Bruyneel stellte dagegen die bizarrste Behauptung von allen in den Raum: *„The selective prosecutorial standards used by the anti doping agencies"*. Die Anti-Doping-Agenturen in der Welt hätten sehr selektive Maßstäbe für das, wonach sie suchen und wen sie schließlich bezichtigen, verurteilen und bestrafen. Das sei das eigentliche Problem.

Natürlich darf er das so sehen, nachdem diese Ermittler nach Jahren, in denen sie keine stichfesten Belege finden konnten, schließlich auch ihn mit Hilfe der Geständnisse von Mitwissern und Mittätern erwischt hatten. Unter denen, die ihn belastet hatten, waren viele Fahrer, die in seinen Teams angestellt waren.

Bruyneels Maßstäbe sind allerdings mindestens ebenso selektiv wie das von ihm bemängelte Verhalten der Doping-Fahnder. Ich gehöre zum Beispiel zu jenen Leuten, die er auf *Twitter* blockiert hat, damit sie seine Einlassungen nicht mehr verfolgen können. Ich habe wirklich keine Ahnung, weshalb.

Zeugen, die im Prozess aussagen können, welche Rolle der Belgier spielte, gibt es zu Genüge. Dies ist, was Tyler Hamilton bei unserer Begegnung erzählte.

JÜRGEN KALWA: „We haven't talked much about Johan. He still wants to stand an arbitration trial. If you are concerned to talk about him and what you know about him, tell me now."

TYLER HAMILTON: „Johan was like Bjarne Riis. He knew everything. He knew everything. Actually, it was more than Bjarne Riis. Because Bjarne Riis knew what I was doing. But he never touched anything. He never saw anything. He knew what was happening behind closed doors. When I went away and closed the doors he more or less knew what I was doing. Johan, he was there for the first transfusion. He saw it taken out. He saw it delivered in the Tour de France. *He helped with the planning of that. He also helped with the planning for* Motoman, *the motor cycle driver. He maybe was a step higher than Bjarne Riis."*

174

„Wir haben noch nicht viel über Johan geredet. Falls Sie nicht ausführlich über ihn sprechen wollen, sagen Sie es einfach."

„Johan war wie Bjarne Riis. Oder besser gesagt: Bjarne wusste alles, aber hat nichts angefasst. Also sah er auch nicht, was wir hinter verschlossenen Türen gemacht haben. Johan hingegen war schon bei der ersten Bluttransfusion dabei. Er hat gesehen, wie das Blut entnommen wurde. Er sah, wie man es uns während der *Tour de France* überbracht hat. Er war bei der Planung involviert. Auch bei der Planung für unseren *Motoman*, den Motorradfahrer, der diese Besorgungen machte."

JÜRGEN KALWA: *„So he was one of the masterminds?"*

TYLER HAMILTON: *„He helped the planning. He helped the planning. I think, if it was just me on the team without Lance Armstrong I don't know, if it would have been the same relationship. Obviously, with Lance Armstrong we had the ace. We had the guy who could win the* Tour de France. *So, Johan was very involved with Lance. And since I was one of Lance's right-hand men – domestiques – I was included in some of this."*

„Er war also einer der führenden Köpfe?"

„Wir hatten das Ass. Wir hatten Lance Armstrong, den Typen, der die *Tour de France* gewinnen konnte. Um ihn hat sich Johan sehr gekümmert. Und weil ich als Domestik so etwas wie die rechte Hand von Lance war, bekam ich ebenfalls einige der Informationen."

Floyd Landis beschrieb in unserem Interview die Rolle, die Bruyneel in seinem Fall spielte:

FLOYD LANDIS: *„We had done the* Dauphiné Liberé *race and had been in Switzerland before, well, we went to France for the race and then flew back from Grenoble on a helicopter back to St. Moritz. Whenever we had been training in St. Moritz, often Johan would be* *there, but at least Michele Ferrari would be there and he would follow us in a car. Johan had told me that Lance would be giving me some products, when we got back to Switzerland. So, Lance gave me some testosterone patches in his apartment, before I went back to my apartment, when we arrived there. It was one small step in the whole thing."*

„Wir sind in der Schweiz gewesen, dann nach Frankreich zur *Dauphiné Liberé* geflogen und schließlich von Grenoble mit dem Hubschrauber zurück nach St. Moritz. Wenn wir dort trainiert haben, war oft Johan da. Und Michele Ferrari, der uns in einem Auto folgte. Johan hatte mir bereits gesagt, dass mir Lance in der Schweiz ein paar Dinge zustecken würde. Es waren einige Testosteron-Pflaster, die mir Lance in seinem Apartment gab, nachdem wir ankamen. Ein kleiner Schritt in der ganzen Angelegenheit."

Bruyneel reagierte im April 2014 auf seinem Blog ausführlich auf die sportjuristische Entscheidung eines amerikanischen Schiedsgerichts, das auf eine zehnjährige Sperre gegen ihn erkannte: „Ich bestreite nicht, dass es bestimmte Elemente in meiner Karriere gab, von denen ich mir wünsche, sie wären anders abgelaufen. Ich bestreite auch nicht, dass Doping für eine erhebliche Zeit im Peloton Realität war. Allerdings wurde eine kleine Minderheit von uns als Sündenböcke für eine ganze Generation missbraucht. Es läuft eindeutig etwas falsch, wenn ein System es gestattet, sechs Individuen mit einer Vergeltungsmaßnahme für die Sünden einer ganzen Ära zu bestrafen."

Der Mann, der fünf Sprachen fließend spricht und intelligent genug gewesen war, das System zu seinem Vorteil auszunutzen, verschwieg in seiner Stellungnahme ein paar Dinge geflissentlich. Wie etwa seine Rolle als Anteilseigner von *Tailwind*, einer Firma, die ihm allein während der Sponsorenschaft der amerikanischen Post laut Klageschrift im anhängigen Verfahren wenigstens 1,7 Millionen Dollar in Form von Gehalt und Boni bezahlte. Dass er nicht irgendein anonymer, unbedeutender Teil der Doping-Szene im Radsport war, sondern einer seiner effektivsten Betreiber, das wollte er und das konnte er wohl nicht einsehen.

Der Anteil an *Tailwind* soll ihm im Mai 2004 zugesprochen worden sein. Stimmt der Zeitpunkt, dann hatte er, als Lance Armstrong in Austin im Verfahren gegen *SCA Promotions* im November 2005 einen Meineid schwor, ein unmittelbares wirtschaftliches Interesse an dessen Ausgang. Es ist nicht bekannt, dass er etwas unternommen hat, um diese Travestie zu verhindern. Er war also gewiss kein Sündenbock, der für andere mitbüßen sollte. Er war aktiv beteiligt an etwas, was das amerikanische Rechtswesen als Konspiration einordnet. Es handelte sich um eine groß angelegte Verschwörung im Stil einer Mafia-Familie.

Im August 2018 wurde er deswegen in Abwesenheit verurteilt, weil er die Doping-Aktivitäten „gelenkt und möglich gemacht" hatte, wie Richter Cooper in der Urteilsbegründung feststellte. Die Strafe für seine Rolle im größten Korruptionsskandal in der Geschichte des Radsports: eine Geldstrafe von 369.000 Dollar sowie Schadenersatz in Höhe von 1,2 Millionen Dollar.

Die Berechnung basierte auf internen Unterlagen, die zeigten, in welchem Umfang Bruyneel an dem Betrugssystem mitverdienen konnte. In der *US-Postal*-Ära erhielt er demnach 2.047.833 Dollar an Gehalt und Bonuszahlungen. Davon wurden 60 Prozent durch die Sponsorenfinanzierung aus den Zahlungen der Post abgedeckt.

Dass der 53-jährige das Geld jemals aufbringen wird, ist unwahrscheinlich, solange er vermeidet, in die Vereinigten Staaten zu reisen. Zugriff auf sein Vermögen hat niemand von Amerika aus.

Bruyneel hatte sich im April 2018 in einem Interview mit der belgischen Zeitung *Het Nieuwsblad* noch einmal zu Wort gemeldet und die verbotenen Praktiken im Grundsatz zugegeben. Aber er verteidigte sich einmal mehr damit, dass Doping im Radsport „nicht mit uns angefangen und nicht mit uns aufgehört" hatte: „Lance und ich haben das System nicht erfunden."

Nein. Das hatten sie nicht. Sie hatten es allerdings so gut optimiert wie niemand vor ihnen. Und sie hatten davon so massiv profitiert, wie es seitdem niemand anderer geschafft hat.

Die Glamour-Jahre der Sportart sind vorbei. Lance Armstrong, Johan Bruyneel und ihre mafiaartige Vorgehensweise haben das naive Urvertrauen der Öffentlichkeit in die Spitzenleistungen der Protagonisten und Repräsentanten der Branche zerstört.

„If it seems to be too good to be true it probably is", lautet ein amerikanisches Sprichwort, das man als Ausgangspunkt für seine Skepsis benutzten sollte. Wer sollte an eine Wahrheit glauben, die bereits bei näherem Hinsehen viel zu gut aussieht, um wahr sein zu können?

Was bleibt?

Man könnte sagen: Die amerikanische Art der Selbstreinigung hat mal wieder funktioniert. Erst wurde gelogen und betrogen. Dann wurde ermittelt, enthüllt und aufgeklärt. Der eine oder andere wie Tyler Hamilton demonstrierte, dass man viel Geld mit schonungslosen Bekenntnissen verdienen kann, als sein Buch *Die Radsport-Mafia und ihre schmutzigen Geschäfte* weltweit auf den Markt kam und geschickt mit Hilfe kleiner Vorabmeldungen lanciert wurde.

Jeff Novitzky, der Steuerfahnder, der im Alleingang den *BALCO*-Skandal in San Francisco ins Rollen gebracht hatte, durch den unter anderem die Leichtathletin Marion Jones ins Gefängnis kam, konnte seine Reputation weiter steigern, weil er – inzwischen in der Ermittlungsabteilung der amerikanischen Lebensmittel- und Arzneimittelaufsicht *FDA* im Einsatz – viele der betrügerischen Aktivitäten mit Lance Armstrong im Zentrum dokumentierte. Er arbeitet inzwischen für die Boxkonkurrenz *Ultimate Fighting Championship*, wo er für die Doping-Kontrollen zuständig ist. Man darf annehmen für gutes Geld.

Und trotzdem bleibt ein Rest an Unbehagen. Denn durch das Netz der Fahnder sind Leute geschlüpft und entkommen, die bloßgestellt gehören und gesperrt. Hamilton weiß das, weshalb er auf den mehr als 300 Seiten in seinem Buch Hinweise eingewoben hat, die aufzeigen, wer alles mitmachte. Nicht nur Mediziner wie Dr. Eufemiano Fuentes, den er für seine Blutdoping-Dienste teuer bezahlte. Der spanische Arzt, der aufgrund einer spektakulären Fahndungsaktion namens *Operación Puerto* Jahre nach der Zusammenarbeit mit Hamilton vor Gericht gestellt und zu einer Bewährungsstrafe verurteilt wurde. Oder der italienische *Dottore EPO* Michele Ferrari, der inzwischen lebenslang aus dem organisierten Sport ausgeschlossen ist, aber weiterhin hartnäckig alles abstreitet. Und der im April 2017 in einem Strafverfahren in Bozen zu einer zur Bewährung ausgesetzten Gefängnisstrafe von 18 Monaten verurteilt wurde. Ihm wurde nachgewiesen, dass er einem Biathleten geholfen hatte zu dopen.

Nachdem er 2012 von der *USADA* überführt und gesperrt worden war, gab er in einem Interview mit dem in Katar beheimateten Fernsehsender *Al Dschasira* ein genau abgezirkeltes Dementi von sich, das klang, als habe es ein Rechtsanwalt diktiert:

MICHELE FERRARI: „I've never seen, I never heard something about that. He never asked me for information about doping."

Er habe kein einziges Mal gesehen, wie sich Lance Armstrong gedopt hatte. Und nichts darüber gehört. Und der Radfahrer habe ihn kein einziges Mal um Informationen über Doping gebeten.

Eine verklausulierte Erklärung, die unter der Lupe sogenannter *plausible deniability* – dem Verhaltensmodus einer glaubhaften Abstreitbarkeit – theoretisch sogar stimmen konnte. Über das, was bei der Interaktion tatsächlich passierte, sagte es rein gar nichts aus. Auch nicht darüber, weshalb Armstrong dem Sportmediziner Ferrari ein exorbitantes Honorar von mehr als einer Million Dollar bezahlen musste. Und weshalb das Geld in die Schweiz floss, wo der Italiener in Neuenburg (Neuchâtel) eine Firma namens *Health and Performance* angemeldet hatte, die zwischen 1996 und 2010 als Beratungsunternehmen aufgeführt war. Etwas, was die Mailänder Zeitung *Corriere della Sera* herausfand.

Als der Film *The Program* von Stephen Frears 2015 in Italien anlief, bemühte sich der Doktor um ein Verbot des Kinoeinsatzes. „Das bringt mich zum Lachen", sagte Frears der Zeitung *The Australian:* „So wie Lance hat er doch öffentlich zugegeben, dass er das tut, was wir im Film zeigen."

Überall waren Ärzte beteiligt – als Handlanger einer Kultur des Betrugs, die sich hinter dem Patientengeheimnis verschanzten, wenn es um ihre fragwürdige Arbeit ging. Etwa, wenn sie ihren Teil beitrugen, um die Doping-Regeln beim Einsatz von Kortison auszuhebeln. Um diesen Wirkstoff verschreiben zu können, erfanden sie einfach irgendwelche Diagnosen und erwirkten fingierte Ausnahmegenehmigungen für die Fahrer.

TYLER HAMILTON: „Every team I was on we abused that rule. We got certificates for injuries that we did not have. I would believe every doctor in the peloton at that time ten years ago knew about that sort of game that we all played. Our doctors were familiar with what was going on in cycling at that time."

„Jede Mannschaft, in der ich war, hat diese Regel missbraucht. Ich glaube, jeder Arzt, der damals im Peloton involviert war, hat gewusst, was für ein Spiel wir spielen. Unsere Ärzte wussten, was im Radsport damals los war."

Einen dieser Ärzte erwähnt Hamilton in seinem Buch anonym. In einer Szene während der *Tour de France* 2004 in einem Hotel in Limoges nimmt der eine Bluttransfusion an ihm vor, weil sein Doping-Doktor Fuentes nicht wie geplant aufgetaucht ist. Es handelt sich um einen Mediziner aus Deutschland, der bei verschiedenen Profi-Teams als Mannschaftsarzt gearbeitet hatte und damals bei *Phonak* unter Vertrag stand.

Ich rief ihn in seiner Praxis an. Er erklärte mir, als ich ihn konkret zu den Vorwürfen befragte: Die im Buch beschriebenen Ereignisse seien ihm „vollkommen neu". „Mit den anderen Sachen" – er meinte

Doping – „das hat man vielleicht angefangen zu ahnen, man ist ja nicht dumm. Aber so lange Sie keine Beweise haben, was wollen Sie denn machen?"

Als ich später Tyler Hamilton zusammen mit dem Fernsehjournalisten und Doping-Experten Hajo Seppelt bei unserem gemeinschaftlichen Interview gegenübersaß, fiel dem geständigen Doper die konkrete Auskunft zur Person des Arztes nicht leicht. Er bat zunächst das Interview abzubrechen und die Kameras auszuschalten.

Doch dann redeten wir weiter. Und er bestätigte die Mutmaßung, während er im Sessel herumrutschte, und nannte den Namen.

Es handelte sich um den Arzt aus Rheinland-Pfalz, Anfang 40, Betreiber einer Gemeinschaftspraxis in der Provinz, der von seinen Abstechern in die große weite Welt des Radsports gerne tagebuchartige Berichte für die Ortszeitung lieferte. Illustriert mit Fotos, die unterwegs als persönliche Souvenirs geschossen worden waren und auf denen der ebenfalls nach Frankreich angereiste Gemeindebürgermeister in die Kamera lächelt. Doping in der Leistungsmaschine? Der Landarzt und seine *Tour de France* – das wirkte eher nach Familienausflug.

Dessen Name wurde daraufhin von Hajo Seppelt in seinem Beitrag für die Sendung *sport inside* im *WDR*-Fernsehen genannt. Auf meine direkte Bitte einer Stellungnahme für meine Berichterstattung in der *Frankfurter Allgemeinen Zeitung* und im *Tagesanzeiger* erhielt ich eine Email von seinem Anwalt – mit dem Hinweis darauf, dass sein Mandant kein schlechtes Gewissen habe. Verbunden mit einer Warnung.

Ich beratschlagte mich mit Medienanwälten und verzichtete mit erheblichem Bedauern darauf, den Namen zu nennen. Verdachtsberichterstattung kann in Deutschland ungefährdet nur innerhalb einer Reihe von juristischen Regeln stattfinden. Andernfalls droht stärkster

Gegenwind. Mir war nicht danach, als freier Journalist leichtfertig in eine Verleumdungsklage hineingezogen zu werden, die ein ambitionierter Anwalt ohne Federlesen auf den Weg bringen konnte.

Was wäre denn auch gewonnen, von Leuten wie diesem Advokaten fälschlich beschuldigt zu werden, der mir schrieb, sein Mandant habe „in den zwölf vergangenen Jahren niemals zu etwas zu seiner Berufung als Arzt Stellung beziehen" müssen und würde „das weiter so handhaben"?

Berufung! Was für ein überkandideltes Wort für jemanden, der unter Verdacht der Beihilfe zum Sportbetrug steht. Und der womöglich in diesen zwölf Jahren allen Beteuerungen zum Trotz den von ihm betreuten Sportlern Doping-Mittel verabreicht und die schädlichen gesundheitlichen Konsequenzen in Kauf genommen hat.

Ich fand später im Archiv ein Interview mit diesem Mediziner, in dem er zugab, dass er und seine Kollegen vor jedem Rennen interne Dopingkontrollen machten und dass sie dabei herausgefunden hatten, wie hoch der Anteil jener war, die sich, so seine Formulierung, „im grünen Bereich bewegen". Das sei „zu 99 Prozent der Fall" und müsse auch „mal gesagt werden". Verlogener Stolz auf eine Quote, die immerhin besagte, dass demnach bei einem Prozent der teaminternen Tests nachgewiesen wurde, dass Fahrer mit verbotenen Mitteln hantierten.

Alle stritten in diesem Milieu immer alles ab. Selbst dort, wo die Faktenlage eindeutig war und Ärzte ihren hippokratischen Eid ignorierten. So wie im Fall des Russen Andrej Michailow, der 1998 im holländischen Rennstall *TVM* beschäftigt war und von der französischen Polizei mit einem Auto voller Dopingmittel erwischt wurde.

Ein Gericht in Reims verurteilte ihn und zwei andere Mediziner drei Jahre später zu 18 Monaten Gefängnis auf Bewährung. Der Landarzt aus Deutschland fand übrigens nichts dabei, irgendwann auf einer seiner vielen Stationen im Rennzirkus an der Seite des wegen Doping-Mithilfe vorbestraften Mediziners Michailow zu arbeiten.

Zu seinem eigenen Fall schreibt Hamilton in seinem Buch, dass das verabreichte Blut nicht mehr in Ordnung gewesen sein kann. Er litt am nächsten Tag unter Fieberschauern und Kopfschmerzen. Und er schied Blut im Urin aus.

Hamilton habe es in seinem Buch an vielen Stellen mit der Wahrheit nicht so genau genommen, sagte mir der Landarzt, der seine Verteidigungslinie auf der Basis einer Leumundtheorie zog. Hamilton sei schließlich ein überführter Doper und Lügner. Wer würde im unmittelbaren Bezug zu dem einen unbescholtenen Mann im weißen Kittel attackieren?

Wem würde man glauben? Dem Doper? Oder dem Arzt?

Aber so sind sie, die Ärzte. Weshalb einem der Name Denise Demir einfällt, der deutschen Ärztin, die 2006 in einem Interview erklärt hatte, sie würde für Floyd Landis und dessen Unschuld die Hand ins Feuer legen, als der erwischt worden war. Auch sie, damals Team-Ärztin bei *Phonak*, wollte nicht reden, als ich sie um eine Stellungnahme bat. Es wäre schön, einmal zu erfahren, wie es inzwischen der Hand von Dr. Demir geht.

Man erlebte auf diese Weise in echt, was der japanische Regisseur Akira Kurosawa in seinem Kinoklassiker *Rashomon* in den frühen fünfziger Jahren vorgeführt hatte: Das Phänomen, wonach Erinnerung und Faktizität in den Köpfen unterschiedlicher Personen zu total unterschiedlichen Resultaten führen können.

Bei *Trek* federt man nur deshalb nuancierter alle Fragen nach der eigenen Mitschuld ab, weil man im Rennsport eigene Ambitionen weiterverfolgt. 2014 wurde erstmals ein ganzes Team auf die Beine gestellt. Die aktuelle Version fährt unter dem Team-Namen *Trek-Segafredo* und listet als Werbepartner auch die die *Trek*-Tochter *Bontrager*.

Kurz vor der *Tour de France* 2017 wurde Team-Mitglied Andre Cardoso bei einem Doping-Test erwischt. Die offizielle Stellungnahme der Verantwortlichen sprach von „großer Enttäuschung" und kündigte seine sofortige Sperre an: „Wir legen höchste ethisch-moralische Maßstäbe an unsere Fahrer und unsere Angestellten."

Das Kuriose an der Sache ist allerdings: In Waterloo behauptete man bei meinem Besuch, man sähe sich sogar in der Lage, die Doping-Probleme im Radsport aktiv zu beseitigen. Eine derartige Hybris besitzt nicht mal die *USADA*, die gegen den Widerstand solcher Armstrong-Helfer wie *Trek* und deren politischen Weggefährten im amerikanischen Kongress diesen Komplex abarbeiten musste.

ERIC BJORLING: „We feel as though we can change the future of cycling. But we can do it the Trek way. The Trek way would be to just do it rather than talk about it. We think we can lead by example."

„Wir haben das Gefühl, dass wir die Zukunft beeinflussen können. Und zwar auf die *Trek*-Weise. In dem wir das einfach tun. Und gar nicht groß darüber reden."

Nicht groß reden? Aber muss man das nicht tun über Menschen wie die Ex-Ehefrau Kristin Armstrong? Die Frau, die bei Veranstaltungen von kirchlichen Organisationen öffentlich so tut, als sei sie streng gläubig und nicht etwa käuflich.

KRISTIN ARMSTRONG: „So, bow your heads with me. Lord, thank you, for the gift of the fine company of these beautiful women gathered here. Your beloved daughters. We lift up to you, Lord, the places in our hearts, today."

Wofür jemand wie Betsy Andreu nichts übrig hat.

BETSY ANDREU: „*Lance used cancer. And I think, Kristin uses Jesus. She saw the level of destruction. How Lance ruthlessly and viciously attacked people, tried to destroy them. And she sat quiet. She has never ever come forward. Really never addressed it. There's so many important lessons from this. And one of them is: You can't go and let people get destroyed. You can't go and hide behind God. Some people say, it's because of her kids. Really? What about my kids?*"

„Was Lance mit Krebs getan hat, macht Kristin mit Jesus. Sie hat gesehen, wie Lance Leute attackiert und zu ruinieren versucht hat. Sie hielt den Mund und hat seitdem nichts gesagt. Wie kann man zuschauen, wie Leute ruiniert werden, und sich hinter Gott verstecken? Es gibt Leute, die sagen, dass sie das wegen ihrer Kinder getan hat. Echt? Was ist denn mit meinen Kindern?"

Vielleicht sollte man am Ende der Ordnung halber daran erinnern, dass selbstverständlich die vielen in die Konspiration verwickelten Frauen nicht die Hauptpersonen waren, sondern dass es sich bei denen um Männer handelte. Zu ihnen gehörte zum Beispiel der langjährige Manager und Agent Bill Stapleton, ein Mitwisser, vermutlich im klassischen Sinne sogar ein Mittäter. Gehörte der einstmalige Verbandsfunktionär und zwischendurch Thomas-Weisel-Angestellte Jim Ochowicz, der noch immer im Radsport aktiv ist. Der Sportliche Direktor Johan Bruyneel, der einer der wichtigsten Akteure war, der zwar gesperrt wurde, aber noch immer so tut, als habe er keinen Anteil an dem mafiartigen Netzwerk.

Betsy Andreu, die die Doping-Praktiken aus nächster Nähe mitbekommen und ihrem Mann, als er als Teamgefährte von Lance Armstrong sich selbst EPO spritzte, ein Ultimatum gestellt hatte, hat dafür ein ganz bestimmtes Wort.

BETSY ANDREU: „People don't understand the machine that was. They don't get it. There is an element of fatigue. But when they see the level and the depth of the corruption and everybody. It's mind-boggling. It blows people's minds. It's like: ‚You're kidding me'."

„Die Leute verstehen nicht, was für eine Maschine das war. Und sie sind müde geworden. Aber sobald man das Ausmaß der Korruption sieht, haut es einen förmlich aus den Schuhen."

Dabei wäre es theoretisch ziemlich einfach gewesen, das Rad der Lügen schon sehr früh zurückzudrehen, sagte Juliet Macur, als wir uns in Washington über ihre Arbeit unterhielten.

JULIET MACUR: „If they would have talked to Lance Armstrong once they would have found out he is not a nice person. People fell in love with him anyway, because he was an idea. He meant that they could live. Like he would give them life. He does not want to be hugged. He did not want people to touch him around his bus, when all these people who are fighting cancer wanted to touch his sleeve just to get this inspiration. He just didn't like it. He did not want to be around people at all. If they knew who they were in love with, whose wrist band they were wearing for all these years, it would have been a different story."

„Hätten sie nur einmal mit Lance Armstrong geredet, hätten sie herausgefunden, dass er nicht nett ist. Dass er es nicht mag, wenn man ihn umarmt, dass ihn Krebskranke berühren wollen, weil sie so etwas inspiriert. Er wollte nichts mit Leuten zu tun haben. Das wussten die, die ihn liebten und seine Plastik-Armbänder trugen, nicht. Falls doch, die Geschichte wäre ganz anders gelaufen."

Aber diese Geschichte musste wohl so laufen. Bis zu ihrem logischen Ende. Dem Sturz ins Nichts.

Lance Armstrong unter Eid. Zum zweiten Mal

Selbstverständlich habe ich versucht, auch mit Lance Armstrong zu reden. Ich erhielt auf keine meiner zahlreichen Anfragen auch nur Antwort.

Im Prinzip geht es mir deshalb nicht anders als Stephen Frears, dessen auf der Basis des David-Walsh-Buchs *Seven Deadly Sins* produzierter Kinofilm *The Program* 2015 herauskam. Außer, dass der sich gar nicht erst um ein Gespräch bemüht hatte.

Vor der Premiere in einem Interview mit dem Fernsehsender *France 24* hatte Frears eine kluge Erklärung zur Hand, weshalb er dies bei einer Aufarbeitung dieser Geschichte gar nicht als Versäumnis betrachtete:

STEPHEN FREARS: *„Why would I want to talk to him?"*

INTERVIEWERIN: *„Why wouldn't you?"*

STEPHEN FREARS: *„Because he is a liar. That's a given. One of the things he did is he told lies. Why would I want to talk to a liar?"*

Der bewusste Verzicht auf Armstrongs unmittelbaren Input bei der Arbeit an einer Geschichte, in der es auch, aber nicht ausschließlich um Lance Armstrong geht, bedeutet keineswegs, dass dadurch ein Vakuum entsteht. Im Gegenteil. Sobald er beteiligt ist, entsteht automatisch ein neues Problem: das der entsprechenden Deutung und adäquaten Gewichtung seiner Ausführungen.

Man konnte dieses Problem anhand des Dokumentarfilms des New Yorker Regisseurs Alex Gibney nachvollziehen. Ihm begegnete ich Ende 2012 abends in einer Kneipe in Manhattan, als er noch das letzte

Häppchen für seinen Film drehte und sich parallel mit dem Schnitt beschäftigte.

Seine Arbeit *The Armstrong Lie – Die Armstrong-Lüge*, 2013 veröffentlicht, war in den Jahren davor durch einen seltsamen Entwicklungsprozess gelaufen. Gibney hatte sich im Laufe seiner Karriere den Ruf des unbestechlichen Aufklärers erworben, aber hatte sich tatsächlich aus Anlass des Comebacks 2009 einlullen lassen und bereit erklärt, Armstrongs Rückkehr zum Sport aus nächster Nähe zu filmen. Es hätte nicht viel gefehlt, und daraus wäre beinahe genau der Propaganda-Coup geworden, den sich Armstrong ausgemalt hatte, als er jemanden wie den Doping-Jäger Don Catlin als Mitglied seines Teams präsentierte: ein Weißwaschprogramm der Sonderklasse. Und ein Huldgesang, mit dem Gibney seine Reputation ganz erheblich ramponiert hätte.

Als Landis jedoch 2010 unter großem Medienecho auspackte, zuckte der Filmemacher zurück und legte die Datenspeicher mit dem digitalen Video-Rohmaterial zunächst einmal vorsichtshalber im Regal ab. Der *Oscar*-Preisträger ließ sich Zeit, um sich am Ende eines Besseren zu besinnen.

Die Version, die schließlich veröffentlicht wurde und die Gibney dazu nutzte, seinen Ärger über den persönlichen Betrug herauszulassen, enthielt aus offensichtlichen Gründen sehr viel von dem Ursprungsmaterial, wenn auch angereichert mit erhellenden Interviews. „Wir waren alle der Ansicht, dass wir meine eigene Erfahrung zu einem Teil der Geschichte machen", sagte er in einem Interview, als die umgeschnittene Version des Films herauskam. „Um die Gefühlstiefe eines Erlebnisses zu vermitteln, das darin besteht, dass du zuerst etwas glaubst, was sich dann als Lüge erweist."

Das Gesamtprodukt kam der Wahrheit sehr viel näher. Es wirkte vor allem emotional stimmig. Aber es versäumte in der Fokussierung auf Armstrong die Darstellung der Hintergründe, die in diesem Film mindestens ebenso wichtig sind wie die Person im Zentrum. Jede strikte Fixierung auf Armstrong reproduziert nur die fatale Einzeltätertheorie, die sich durch die Wahrnehmung der Doping-Kultur im Sport zieht.

Es war deshalb nur ein halbherziger Streifen, der nebenbei eine versteckte, ungefilterte Faszination für den Radsport enthüllte. Es war kein Film über die Arbeitsmethode eines mafiaartigen Netzes, das die vielen Lügen im Zentrum der Legende Armstrong einer naiven Öffentlichkeit zu verkaufen trachtete. Es war im Grunde wirklich nur ein Film über Gibney und seinen Absetzversuch Richtung Ehrenrettung. Er tat mit filmischen Mitteln, was er konnte, um der Welt zeigen, dass er immer noch der alte, skeptische Regisseur war. Ehrlich genug allerdings zuzugeben, dass er sich betrogen fühlte. So konnte er sich selbst als Betroffenen inszenieren. Als jemand, der auf der Suche nach der Wahrheit dem Betrug einen eigenen Dreh geben konnte. „Ich war zum Fan geworden und damit im Ergebnis Teil der Vertuschungsaktivitäten."

ALEX GIBNEY: „In 2009, I set out to make a film about Lance Armstrong's comeback year. I wasn't naive about past doping allegations. But I couldn't help but root for the old pro. He had lied to me. Straight to my face. All throughout 2009. When the truth came out I told him, he owed me an explanation."

Tatsächlich ist die Quintessenz dessen, was Armstrong bei unterschiedlichen Gelegenheiten seit der Fernsehbeichte von 2013 gesagt hat, gar nicht die Quintessenz des Skandals.

Weshalb darf man das behaupten? Deshalb: Armstrong gab bei seinen späteren ausgewählten Auftritten unter anderem mit der Masseuse Emma O'Reilly Einblick in seine neuen Handlungsschemata und Verhaltensmuster, in denen Zerknirschtheit und der Wunsch nach Vergebung nur Facetten einer neuen schauspielerischen Einlage waren. Nach dem Motto: Gewiss doch, es tue ihm leid, dass er gedopt hatte. Aber, so fügte er in einem seiner Interviews hinzu, er würde es unter ähnlichen Umständen absolut wieder tun. Mit anderen Worten: Das Problem aus seiner Sicht war nicht das Doping und der Betrug. Es war, dass man ihn am Ende doch noch erwischt hatte.

Warum würde man also ausgerechnet mit jemandem reden wollen, der gar nicht kapiert hatte, um was es geht? Der einzige, der von so etwas profitieren würde, wäre Armstrong selbst. Man würde es tun wollen, um vielleicht doch noch den letzten ungelösten Fragen auf die Spur zu kommen. Aber das war im Grunde vergebene Liebesmüh.

Frears hatte recht. Warum wollte man sich von einem notorischen Lügner weitere Lügen auftischen lassen?

Armstrong hätte doch einfach nur gerne, dass endlich Schluss ist. Dass ihm die Welt vergibt.

Vielleicht wäre es dafür notwendig, dass er sich selbst (und nebenbei auch dem betrogenen Publikum) die Rückschläge in seinem Leben als Niederlage eingesteht.

Aber das passt einfach nicht in seine Sicht der Welt. Die hatte er irgendwann mal so formuliert: „Schmerzen hat man nicht ewig. Man hat sie eine Minute oder eine Stunde oder einen Tag oder ein Jahr. Aber schließlich lassen sie nach, und etwas anderes tritt an ihre Stelle. Wenn ich jedoch aufgebe, das wird nie wieder weggehen."

Wie soll man dann aber das nennen, was er einem Bericht der Zeitung *USA Today* zufolge im November 2013 tat, knapp ein Jahr nach dem Oprah-Interview, in einem Verfahren, bei dem eine ähnliche Versicherung wie *SCA Promotions* ihr Geld zurückhaben wollte, das sie ihm unter falschen Vorzeichen als Bonus auf seine ersten *Tour-de-France*-Erfolge ausgezahlt hatte? Es handelte sich um nichts anderes als um ein umfängliches Geständnis.

Armstrong musste erneut unter Eid aussagen und viele Fragen beantworten. Und diesmal tat er exakt das, was er bis dahin konsequent vermieden hatte: Er nannte Namen. Es waren die Namen von den Männern, die ihm verbotene leistungssteigernde Mittel besorgt hatten, wie der Physiotherapeut José *Pepe* Martí und die Ärzte Dr. Pedro Celaya, Dr. Luis Garcia del Moral – beide aus Spanien – sowie Dr. Michele Ferrari aus Italien.

Er nannte auch die Namen von Leuten, die die Ware zugestellt hatten: die irische Masseuse Emma O'Reilly, der Fahrradmechaniker Julien de Vriese aus Belgien sowie der Franzose Philippe Maire, der als *Motoman* die Kurierfahrten unternahm. Und Lance Armstrong nannte den Namen von einem, der ebenso von der Klage der amerikanischen Post betroffen ist wie er: „Johan Bruyneel nahm teil oder assistierte" beim Gebrauch der leistungsfördernden Mittel „und wusste durch Gespräche und Handlungen von diesem Gebrauch."

Armstrong gab überdies zu, dass er persönlich für die Doping-Substanzen bezahlt hatte und „typischerweise" ihren Einsatz selbst managte, aber gelegentlich dabei von Celaya, del Moral oder Ferrari assistiert wurde. Sich EPO zu spritzen, damit hatte er demnach bereits 1995 begonnen.

Er benannte auch Jim Ochowicz, den Patenonkel seines ältesten Sohnes Luke, der noch immer ohne einen Kratzer an seiner Karriere im Radsport aktiv ist. Der Mann mit dem Spitznamen *Och* soll ihm in seiner Rolle als Sportlicher Direktor von Armstrongs damaligem *Mo-*

torola-Team dabei geholfen haben, für einen Extra-Erfolgsbonus im Rahmen einer sogenannten *Triple-Crown*-Serie 1993 andere Fahrer zu bestechen. Ochowicz, der später Chef des amerikanischen Radsportverbandes wurde und anschließend das *BMC*-Team auf die Beine stellte, bestreitet, irgendetwas mit der Angelegenheit zu tun gehabt zu haben.

Armstrongs Aussagen kamen mit ein paar Monaten Verspätung und kurioserweise nur unter geringer Beachtung ans Licht – im April 2014, als sie von den Anwälten von Floyd Landis im Rahmen eines Antrags an das zuständige Gericht zitiert wurden. Damals lief der letzte Versuch der Beschuldiger, den Hauptfinancier Thomas Weisel und seine Rolle als Strippenzieher im Hintergrund endlich gründlich auszuleuchten. Denn über ihn hatte Armstrong in dieser Vernehmung vom November 2013 gesagt, dass er „vom Doping im *USPS* Team wusste".

Es lohnt sich, noch einmal über Fragen nachzudenken, wie sie bereits am Anfang in den Raum gestellt wurden:

Wer ist glaubwürdig? Wessen Einlassungen passen in die sich entwickelnde Skizze? Wo gibt es Widersprüche?

Nun – soviel steht fest: Weisel, der stets jedwede Mitwisserschaft und erst recht jede Mittäterschaft im Rahmen der Armstrong-Doping-Verschwörung bestritten hatte, erfuhr im Juni 2014, dass diese höchst üble Geschichte für ihn keine rechtlichen Konsequenzen haben wird. Der Richter ließ ihn aus formaljuristischen Gründen laufen.

Der reichste Mann von allen in diesem Betrugsnetzwerk muss sich nie wieder für seine Rolle im größten Skandal der Sportgeschichte rechtfertigen.

Glossar

Ein Abriss der wichtigsten Personen

Betsy Andreu

Als der irische Journalist David Walsh in den Vereinigten Staaten damit begann, Informationen zum Armstrong-Doping-Netzwerk ausfindig zu machen, fand er in Betsy Andreu (geboren am 14. November 1966) eine wichtige Quelle für seinen Verdacht. Offiziell weigerte sie sich, zu relevanten Details Stellung zu nehmen. Aber *off the record* bestätigte sie, was Walsh bereits über das Doping-Geständnis im Krankenhaus in Indianapolis gehört hatte. Und sie erklärte, dass sie im Fall einer Vorladung in einem Rechtsstreit aussagen und dazu stehen würde.

Dieser Informationsaustausch geschah im Dezember 2003, wurde aber erst durch eine Email-Kommunikation zwischen Betsys Ehemann Frankie Andreu, der bis 2000 Mannschaftsmitglied im *US Postal Service* Team gewesen und danach zwei Jahre eine Rolle als Assistent des Sportlichen Direktors Johan Bruyneel innegehabt hatte, und Lance Armstrong auf einen Schlag auf eine neue Ebene gehoben.

Der Texaner mutmaßte darin, dass Betsy Andreu ihn durch ihr Verhalten erledigen wolle, was aber „euch allen in eurer Situation ganz und gar nicht helfen" würde. Der Email-Verkehr ist in David Walshs

Buch *From Lance to Landis: Inside the American Doping Controversy at the Tour de France* dokumentiert, das 2007 erschien, nachdem der Rechtsstreit mit *SCA Promotions* mit einer außergerichtlichen Einigung abgeschlossen worden war.

In der Folgezeit bekamen die Andreus die Konsequenzen ihrer Wahrheitsliebe deutlich zu spüren. Frankie, einst sogar ein persönlicher Freund von Lance Armstrong, hatte von da an Schwierigkeiten, in der Radsportszene auch nur einen Job zu finden. Denn Armstrongs Einfluss reichte weit.

Die Probleme kulminierten 2004 und 2005 während des *SCA*-Rechtsstreits der entstand, weil sich die Spezialversicherung geweigert hatte, ihm wegen des laut gewordenen Doping-Verdachts die ausgemachten Millionen von Dollar Prämien auszuzahlen. Betsy tat, was sie gegenüber Walsh erklärt hatte, und gab unter Eid ihr Wissen preis, wozu die Informationen über den Konsum illegaler Substanzen im Team, aber vor allem auch Armstrongs Geständnis 1996 gegenüber Ärzten in einem Krankenhaus in Indianapolis gehörte, die nach der Krebsoperation wissen wollten, welche Drogen er in seinem Sportlerleben eingenommen hatte, um sein Leistungsvermögen zu steigern.

Es dauerte Jahre, bis Betsys Haltung gegenüber Armstrong und gegenüber der Wahrheit die Sympathien fand, die sie verdient. Was die Szene im Krankenhaus angeht, drückte sich der Radfahrer nicht nur bei seiner Fernsehbeichte 2013 um eine klare Antwort, nachdem er 2005 bei seiner Vernehmung im *SCA*-Fall unter Eid alles komplett abgestritten hatte. Er verzichtete auch danach auf eine Klarstellung. Diese Zurückhaltung kann nur einen Grund haben: Andere Zeugen könnten durch ein etwaiges umfängliches Geständnis auch noch Jahre später aufgrund ihrer Aussagen ins Blickfeld der Öffentlichkeit geraten. Juristische Folgen drohen allerdings niemandem. Jede Falschaussage und jeder Meineid der Beteiligten aus jenen Tagen ist inzwischen verjährt.

Frankie Andreu

Er war in der frühen Phase der Karriere von Lance Armstrong einer seiner besten Freunde und fuhr nach dessen Rückkehr zum Sport nach der schweren Krebsbehandlung mit ihm zusammen im *US Postal Service Team*. Frankie Andreu (geboren am 26. September 1966) nahm in jener Zeit das Doping-Mittel EPO zu sich, setzte es allerdings ab, noch ehe sein Einsatz durch neuentwickelte Tests entlarvt werden konnte. Der Grund: die Intervention seiner damaligen Lebensgefährtin und späteren Ehefrau Betsy.

Frankie gehörte zu den wenigen, die damals zumindest nach dem Ende ihrer aktiven Zeit bereit waren, über den Einsatz von Dopingmitteln zu reden. Auch das ging auf den Einfluss seiner Frau zurück. Er belastete dabei öffentlich zunächst nur sich selbst und nicht etwa seine Kollegen. Die Situation änderte sich, als im Schiedsgerichtsverfahren zwischen Lance Armstrong und der Versicherungsfirma *SCA Promotions* ein Ereignis zur Sprache kam, das 1996 während des Aufenthalts von Armstrong in einer Klinik in Indianapolis passiert war. Damals bekamen beide Andreus bei einem Krankenbesuch mit, wie der frisch operierte Freund Ärzten bei einer Visite auf Anfrage seinen umfassenden Doping-Konsum gestand.

Armstrong weigerte sich während seiner Fernsehbeichte auf die konkrete Frage nach diesem Ereignis, irgendeine konkrete Stellungnahme abzugeben. Im Prozess mit *SCA* Promotions stritt er diese Details in Bausch und Bogen ab und riskierte damit, wegen Meineid angeklagt und überführt zu werden. Als er Anfang 2013 den größten Teil des Leistungsbetrugs zugab, war es für eine solche Strafmaßnahme allerdings bereits zu spät. Seine Falschaussage war zu diesem Zeitpunkt längst verjährt.

Lance Armstrong

Geboren am 18. September 1971 gewann er nach einer schweren Hodenkrebs-Erkrankung mit Metastasen im Gehirn und in der Lunge 1999 zum ersten Mal die *Tour de France* und schaffte diesen Erfolg danach siebenmal in Folge. Obwohl von Anfang an unter Doping-Verdacht, verstand er es, den Eindruck zu erwecken, als sei er der am häufigsten getestete Sportler auf dem Planeten, der zu Unrecht in ein schlechtes Licht gerückt werde, weil schließlich jeder Test negativ ausgefallen sei.

Schon das war eine Lüge. Bereits bei der Tour 1999 wurde er auf das damals zum ersten Mal verbotene Kortison positiv getestet, kam aber davon, weil die Verbandsaufsicht den mit einer Sperre zu ahnenden Regelverstoß zuließ, als man Armstrong gestattete, eine ärztliche Verordnung für eine Kortison-Salbe nachzureichen.

In den ersten Jahren nach seinem Comeback gab es noch keine EPO-Tests. Doch als Jahre später aufbewahrte B-Proben der Tour de France des Jahres 1999 im Doping-Labor in Frankreich im Rahmen routinemäßiger Untersuchungen überprüft wurden, fand man in mehreren von ihnen Spuren der verbotenen Substanz. Die Ergebnisse und der Name von Armstrong kamen erst durch penible Recherchen der französischen Zeitung *L'Equipe* ans Licht, die die zu Anonymisierungszwecken im Rahmen der Nachtests benutzte Codierung der Proben entschlüsseln konnte.

Armstrong verwahrte sich mit formalen Vorbehalten gegen eine sportjuristische Überprüfung der Enthüllung, weil die angeblich gegen den regelrelevanten Schutz der Athleten vor Willkür verstoßen hätte. Erneut erhielt er Hilfe seitens des Weltverbandes, der es möglich machte, die Verstöße unter den Teppich zu kehren. Ihnen kam zu Hilfe, dass der Texaner kurz seinen Abschied vom aktiven Sport erklärt hatte. Als er im September 2008 seine Rückkehr ankündigte, verzichtete man darauf, dem Verdacht auch nur nachzugehen.

Zu den zusätzlichen Beispielen von Doping-Vergehen gehört Armstrongs Verhalten bei der *Tour de France* nach diesem Comeback im Umgang mit Eigenblut-Doping. Armstrong bestritt im Rahmen seiner relativ umfassenden Beichte im amerikanischen Fernsehen 2013, dass er nach der Rückkehr 2009 solche Methoden angewendet habe. Labor-Experten, die die ermittelten Blutwerte analysiert haben, sind anderer Ansicht.

Zu den detailliert nachgezeichneten Ereignissen in diesem Buch gehört der Rechtsstreit mit einer texanischen Firma um Bonuszahlungen. Das Unternehmen namens *SCA Promotions* weigerte sich 2004, Armstrong die ursprünglich vereinbarten 5 Millionen Dollar auszuzahlen, die ihm aufgrund der von der Firma versicherten *Tour-de-France*-Erfolge vertraglich zustanden. Der Streit wurde vom Schiedsgericht nicht entschieden, sondern endete Anfang 2006 mit einer gütlichen Einigung und einer Zahlung von *SCA* an Armstrong und seinen Rennstall *Tailwind*, in der die fragliche Summe enthalten war.

Als der Texaner 2013 seine Doping-Vergangenheit zugab, konnte das Unternehmen den Fall immerhin noch einmal aufrollen und klagte das aufgrund von Armstrongs Betrugsmanövern fälschlicherweise ausgeschüttete Geld plus Anwalts- und Gerichtskosten ein. Armstrong musste auch anderen Unternehmen hohe Beträge zurückzahlen und wurde dabei in einem Fall noch einmal unter Eid von der Gegenseite befragt. Dokumente belegen, dass er bei der Gelegenheit erstmals Mittäter und Mitwisser ausdrücklich namentlich benannte. Es handelte sich dabei um Informationen, die beim jahrelangen Rechtsstreit mit der amerikanischen Post im Detail ans Tageslicht gebracht worden wären. Dazu kam es jedoch nicht, als im Frühjahr 2018 beide Seiten eine außergerichtliche Einigung zustande brachten und Armstrong mit einer vergleichsweise niedrigen Summe den Schaden ausglich, den er angerichtet hatte.

Tyler Hamilton

Der ehemalige amerikanische Radprofi Tyler Hamilton (geboren am 1. März 1971) trat 2011 die Flucht nach vorn an und erhärtete in einer Reihe von Interviews die erstmals von Floyd Landis vorgebrachten Anschuldigungen gegen Lance Armstrong. Dabei enthüllte er, dass er nicht nur Doping-Produkte im Kühlschrank seines einstigen Mannschaftskameraden im *US Postal Service Team* gesehen hatte, sondern auch, wie der sich das für Blutdoping missbrauchte Medikament Erythropoietin (EPO) selbst gespritzt habe, und zwar „viele, viele Male".

Hamilton, der 2001 die Mannschaft verlassen hatte, war 2004 bei den Olympischen Spielen in Athen wegen Blutdoping gesperrt worden, durfte jedoch die im Einzelzeitfahren auf der Straße gewonnene Goldmedaille behalten, als nach dem positiven Befund der A-Probe die B-Probe aufgrund eines Laborfehlers unbrauchbar geworden war. Im August 2006 wurden Aufzeichnungen über seine Doping-Vergangenheit beim spanischen Arzt Eufemiano Fuentes gefunden. Sie zeigten, dass Tyler Hamilton bereits vor seinem Olympiasieg Wachstumshormon, Testosteron, EPO und Insulin eingenommen hatte.

Auf die Interviewserie, in der sich öffentlich zu seinen Vergehen, den Lügen und dem Missbrauch von Armstrong bekannte, folgte die Veröffentlichung eines Enthüllungsbuches, das 2012 unter dem Titel *Die Radsport-Mafia und ihre schmutzigen Geschäfte* auch auf Deutsch erschien. Es enthielt die bis dahin umfassendste öffentliche Beichte eines Radprofis und brachte überraschend viel Licht ins Dunkel der alltäglichen Doping-Praktiken im Radsport.

Seine Offenheit sorgte kurz darauf für eine hässliche Konfrontation in einem Restaurant in Aspen, wo ihn Lance Armstrong bedrohte: „Ich mache dein Leben zur Hölle. Im Gericht und außerhalb." Danach fiel auf Hamilton, dass er in seinem Wohnort in Montana von Unbekannten verfolgt wurde und jemand seinen Computer gehackt hatte.

Der lange Arm des mächtigen Lance Armstrong? Niemand weiß es. Dieser Teil der Geschichte wurde nie aufgeklärt.

Jürgen Kalwa

Seit 1989 in New York und Connecticut zuhause, wo sich der Journalist (geboren 13. Dezember 1952) auf die Sportberichterstattung für deutschsprachige Medien verlegte – zuerst für das stilprägende Monatsmagazin *Sports*, später hauptsächlich für die *Frankfurter Allgemeine Zeitung*, den *Tagesanzeiger* in der Schweiz und dort seit einem Wechsel 2014 für die *Neue Zürcher Zeitung*. Seit 2008 arbeitet er auf demselben Themengebiet auch für den *Deutschlandfunk* in Köln und den Schwestersender *Deutschlandfunk Kultur* in Berlin sowie hin und wieder für die *ARD*-Fernsehsendungen *Sportschau* und *sport inside*.

Im Rahmen seiner Beschäftigung mit dem amerikanischen Sport kamen grundlegende Bücher zustande, darunter eine Biographie des Golfprofis Tiger Woods (*Charisma für Millionen*) und *Faszination American Football*, das noch heute als Standardwerk für den deutschsprachigen Raum gilt.

Zwischendurch bestritt Kalwa einen Sportblog, dem er den Namen *American Arena* gab. Eine Hinterlassenschaft dieser intensiven Phase der Beschäftigung mit der gesamten Bandbreite des Sports ist der Domainname der Webseite americanarena.net und der Twittername @americanarena

Im Rahmen seiner beruflichen Entwicklung stieß er nicht nur thematisch immer wieder in Bereiche vor, die erst nach und nach in den Augen der Öffentlichkeit an Relevanz gewannen, wie etwa der Komplex der Langzeitschäden von Sportlern durch Gehirnerschütterungen. Kalwa entwickelte seine Arbeitsmöglichkeiten auch handwerklich weiter. Er dreht und schneidet Online-Videos und komponiert Musik, die sowohl in seinen Videos als Untermalung eingesetzt wird als auch in größeren Radio-Features. Deshalb stammt die in der Hörbuch-Fassung von *Nichts als die Wahrheit – Der Fall Lance Armstrong und die Aufarbeitung eines der größten Betrugsskandale in der Geschichte des Sports* eingesetzte Musik aus seiner Kreativwerkstatt.

Floyd Landis

Es ist ein weiter Weg bis zum Siegespodest der *Tour de France*, besonders, wenn man in einer streng gläubigen Mennoniten-Familie aufwächst, die fast alles Weltliche ablehnt: den Erfolg, das Geld, den Stolz. Floyd Landis (geboren am 14. Oktober 1975) ist ihn gegangen. Er arbeitete dabei zunächst als Domestik von Lance Armstrong im *US*

Postal Service Team, ab 2005 allerdings auf eigene Rechnung. Um seine Leistungen zu bringen, nahm er Doping-Mittel, wurde 2006 erwischt, verlor in beiden Instanzen bei seinem Versuch, einen Freispruch zu erwirken, verbrannte dabei Millionen von Dollar und fand sich nach seiner Sperre im Niemandsland einer verseuchten Radsportkultur wieder, in der ihn kein ambitionierter Rennstall mehr engagieren wollte.

Er war ein Ausgestoßener.

Das gilt auch heute noch, aber aus einem anderen Grund. Landis enthüllte 2010 seine eigenen Praktiken und die von Lance Armstrongs und brachte so eine Lawine ins Rollen. Die beiden hatten auch viele Jahre später noch immer miteinander zu tun. Denn Armstrong sollte dem ehemaligen Hauptsponsor des Teams, der amerikanischen Post, zig Millionen an Schadenersatz zurückzahlen. Ein Verfahren, das Landis angestrengt hatte, und das ihm aufgrund der amerikanischen Rechtslage im Erfolgsfall einen erheblichen Anteil an dieser Summe einbringen würde. Als sich Armstrong im Frühjahr 2018 mit der Post und dem Justizministerium außergerichtlich einigte, belief sich sein Anteil an der Wiedergutmachung 1,1 Millionen Dollar. Er bekam darüberhinaus seine aufgelaufenen Anwaltskosten von 1,6 Millionen Dollar erstattet.

Landis versucht seit 2016 eine Karriere im legalen Drogenhandel von Colorado mit Cannabis-Produkten, die er unter dem Markennamen *Floyd's of Leadville* vertreibt. Einen Teil des im Rechtsstreit gewonnenen Geldes investierte er 2018 allerdings in den Radsport. Er will als Sponsor das *Floyd's of Leadville Pro Cycling Team* und auf diese Weise jungen amerikanischen Talenten in der dritten sogenannten *Continental-Division* des Profiradsports unter die Arme greifen. Offiziell handelt es sich dabei um einen kanadischen Rennstall, wodurch Landis dem amerikanischen Radsportverband aus dem Weg gehen kann, zu dem er eine anhaltende Antipathie pflegt. „Ich habe ein widersprüchliches Verhältnis zum Radsport, jeder weiß das", sagte er dem *Wall Street Journal*. „Aber ich mag diesen Sport noch immer. Ich bereue, was passiert ist, aber du kannst nicht in die Vergangenheit reisen und deine Entscheidungen revidieren."

Juliet Macur

Die Geschichte ihrer Beziehung begann für die *New-York-Times*-Reporterin Juliet Macur (geboren 1971) im Herbst 2006. Da brachte sie zwei ehemalige Mannschaftskollegen von Lance Armstrong dazu, ihr schlechtes Gewissen zu entlasten und die Wahrheit zuzugeben. Sie hatten EPO genommen, um im *US Postal Service* Team mithalten zu können.

„Sein Anwalt drohte, mich zu verklagen, wenn ich noch mal über Lance schreibe", sagte sie im Interview 2014. „Aber dann rief mich Lance plötzlich an. Das war seltsam. Ich bin schon lange in dem Beruf, aber mich hat noch nie jemand, der so mächtig und so berühmt ist, einfach angerufen, um mich kennenzulernen und um mit mir zu plaudern. Ich habe seine Art von Charme schon früh kennengelernt."

Man sah sich danach noch häufiger. So etwa bei der improvisierten Pressekonferenz am Bus bei der *Tour de California* 2010, nachdem die schweren und sehr präzisen Anschuldigungen von Floyd Landis bekannt geworden waren.

Armstrongs Taktik blieb es, alle Vorwürfe komplett und konsequent abzustreiten und die Motive all jener zu attackieren, die ihn mit ihrem Wissen in die Enge trieben. Juliet Macur blieb dran, deckte weiter auf und sah sich gleichzeitig auf eine seltsame Weise vom berühmten Radprofi umgarnt. Er verhielt sich wie ein PR-Experte, sagt sie, der sie und ihre einflussreiche Zeitung auf seine Seite ziehen wollte. Das reichte bis hin zur letzten Begegnung Monate nach seinem Geständnis im amerikanischen Fernsehen. „Ja, prima, komm vorbei", sagte er ihr und betonte bei der Gelegenheit noch einmal, dass es darum gehe, dass sie „die wahre Geschichte" schreibt.

Ihre Geschichte fasste sie in einem umfangreichen Buch mit dem Titel *Cycle of Lies – the Downfall of Lance Armstrong* zusammen. Die deutsche Fassung *Lance Armstrong – Wie der erfolgreichste Radprofi aller Zeiten die Welt betrog* erschien 2014. Macur war kurz zuvor von der *Times* in den Rang einer Kolumnistin erhoben worden, die sich von da ab nicht länger auf den Radsport konzentrieren musste, sondern sich mit einer großen Bandbreite von Themen beschäftigen kann.

Travis Tygart

Der Chef der amerikanischen Anti-Doping-Agentur *USADA* (geboren 1971) wurde zu einer der wichtigsten Schaltstellen im Kampf gegen Lance Armstrong, als die Bundesstaatsanwaltschaft nach zwei Jahren der Ermittlungen und belastenden Zeugenaussagen unter Eid entschied, sie werde keine Anklage erheben. Zwischen Februar 2012 und Oktober desselben Jahres sorgte dafür, dass die kleine Organisation in Colorado Springs eine für ihren Aufgabenbereich enorme Arbeitsbelastung abwickelte. Dann kam man in einer sogenannten *Reasoned Decision* von 202 Seiten und anhand eines Anhangs aus zahllosen Dokumenten zu dem Resultat: Es gibt keine andere adäquate Strafmaßnahme, als Lance Armstrong auf Lebzeiten vom aktiven Sport auszuschließen. Auch seine Mittäter wurden mit Sperren bedacht, die später im Rahmen sportjuristischer Verfahren allerdings teilweise reduziert wurden.

Genau andersherum erging es dem Belgier Johan Bruyneel, dem Sportlichen Direktor des *US Postal Service* Teams und später nach dem Comeback von Armstrong in derselben Funktion bei *Astana* mit dem Radfahrer verbunden. Er wurde im Oktober 2018 in seinem Berufungsverfahren vom Internationalen Sportgerichtshof CAS mit einer lebenslangen Sperre belegt.

Bruyneel war 2014 zunächst zu einer zehnjährigen Sperre verurteilt worden, die 2022 ausgelaufen wäre. Gegen das Urteil hatte jedoch die Welt-Anti-Doping-Agentur Einspruch eingelegt. Ähnlich schlecht erging es ihm als Mitbeschuldigten im Schadenersatz der amerikanischen Post. In diesem Verfahren wurde er im Sommer 2018 in Abwesenheit verurteilt, weil er als Mitverantwortlicher die Dopingaktivitäten „gelenkt und möglich gemacht" habe, wie das Gericht erklärte. Es erkannte auf eine Geldstrafe von 369.000 Dollar sowie eine Schadenersatzsumme von 1,2 Millionen Dollar.

Jahre zuvor hatte der studierte Philosoph und approbierte Jurist Travis Tygart in seiner Rolle als Hauptantriebsaggregat noch gelegentlich wie ein moderner Don Quichotte ausgesehen, der einen Kampf gegen Windmühlenflügel zu führen schien. Denn Anabolika und Testosteron kann man – oft in sogenannte Nahrungsergänzungsmittel eingepflegt – in den USA an jeder Straßenecke kaufen. Schätzungen besagen, dass zehn Prozent des Gesamtmarktes dieser Produkte verbotene Mittel enthalten. Ein amerikaweites Geschäft von über 30 Milliarden Millionen Dollar pro Jahr.

Tygart verstand sich nie nur als Polizist, der gut versteckte Radarfallen aufbaut, um möglichst viele Missetäter zu fangen. Er ist jemand, der im selben Atemzug Wert darauf legt, Spitzensportlern zu helfen. Das unterstrich er in einem Telefoninterview zu den umstrittenen Behandlungsmethoden des Düsseldorfer Schmerzspezialisten Dr. Peter Wehling. Wehling war Anlaufstation für eine Reihe von berühmten amerikanischen Athleten geworden. Wir trafen uns später für ein Fernsehinterview zum Fall der russischen Whistleblowerin Julia Stepanowa, um deren Schutz und um den ihrer Familie er sich gekümmert hatte, während andere Organisationen wie die Welt-Anti-Doping-Agentur *WADA* oder vor allem das *IOC* komplett versagt hatten.

„Wenn ein Athlet anruft und sagt, ‚das ist meine Krankheit, hier sind meine medizinischen Unterlagen, hier ist die Behandlung, die mein Arzt vorschlägt‘, dem helfen wir, wenn er wissen möchte, was erlaubt ist oder ob er eine Ausnahmegenehmigung braucht.“

Eine solche Offerte zur Zusammenarbeit gilt für Sportler, die mit offenen Karten spielen. Für Doper, die erwischt werden, hat Tygart nicht halb soviel Verständnis. Man solle keine Angst haben, „unsere Helden zu Fall zu bringen“, hat er immer wieder gesagt.

David Walsh

Es hat in der jüngeren Geschichte des kommerziellen Sports nur wenige Journalisten gegeben, die zu regelrechten Parias abgestempelt wurden. Sieht man vielleicht einmal ab von Andrew Jennings, der jedoch seine investigative Arbeit nicht aus dem Blickwinkel täglicher journalistischer Arbeit vor Ort betrieb, sondern hauptsächlich aus der Halbdistanz. David Walsh (geboren am 17. Juni 1955) hingegen blieb nichts anders übrig, als sich tagtäglich unmittelbar am Rande des Geschehens zu behaupten und dabei standhaft demonstrieren, dass er einer Geschichte auf der Spur war, die bei einer Mehrheit seiner Kollegen auf null Gegenliebe stieß.

Im Unterschied zu anderen, die sich intensiv mit dem Radsport beschäftigten, arbeitete er allerdings für eine Zeitung, die seine umfassenden Recherchen und die damit zusammenhängenden Reisen finanzierte. Die *Sunday Times* verkörpert schon eine Weile zusammen mit nur wenigen anderen Medienbetrieben die Tradition eines eigenständigen, kritischen, investigativen Sportjournalismus. Dadurch erhielt Walsh sehr viel Freiraum.

Die Ergebnisse seiner Nachforschungen bildeten das Fundament für die texanische Spezialversicherungsfirma *SCA Promotions*, die sich als erstes Unternehmen gegen Armstrong stellte, als sie sich weigerte, auf der Basis der von Walsh für sein Buch *L. A. Confidentiel: Les secrets de Lance Armstrong* zusammengetragenen Recherchenergebnisse dem Radfahrer und der Firma *Tailwind*, die seinen Rennstall betrieb, die ursprünglich zugesicherten 5 Millionen Dollar an Bonus auszuschütten. Dies provozierte die Gegenseite 2005, ein Schiedsgerichtsverfahren in Gang zu bringen, in dem erstmals viele Beteiligte unter Eid aussagen mussten. *SCA Promotions* warf jedoch das Handtuch, als nach der Vernehmung von Armstrong klar wurde, dass der Radfahrer sich nicht scheute, einen Meineid zu schwören, etwas was, der *SCA*-Anwalt jedoch zu jenem Zeitpunkt nicht beweisen konnte.

Mit dem Buch das kurz vor diesem Rechtsstreit erschienen war, gerieten Walsh und sein Co-Autor Pierre Ballester selbst in juristische Schwierigkeiten. Aber Armstrong kam mit dem Vorwurf der üblen Nachrede in Frankreich, dem einzigen Land, in dem das Buch erschien, nicht durch. Er errang nur einen Teilerfolg, als das Buch in der *Sunday Times* vorgestellt wurde und dieser Zeitungstext nach britischem Recht als rufschädigend eingestuft wurden.

Walsh gab jedoch nicht auf und stand bereit, weitere Enthüllungen zu liefern, als erst Floyd Landis und dann Tyler Hamilton begannen, ihr Wissen über die Doping-Praktiken im *US Postal Service* Team preiszugeben.

Immerhin wurde er schon 2000 und 2003 in Großbritannien mit der Auszeichnung „Sportjournalist des Jahres" geehrt und 2012 sogar als „Journalist des Jahres" gefeiert. Sein Buch *Seven Deadly Sins*, ein Rückblick auf die wichtigsten Facetten seiner Armstrong-Recherchen, wurde ebenfalls ausgezeichnet und bildete die Grundlage für den Kinofilm *The Program – Um jeden Preis* von Regisseur Stephen Frears, der 2015 veröffentlicht wurde. Die Leinwandproduktion konnte allerdings nicht die in sie gesetzten Erwartungen erfüllen, spielte weltweit nur etwas mehr als 3 Millionen Dollar brutto ein und war in den Vereinigten Staaten ein totaler Flop. Im Vergleich dazu kam der Dokumentarfilm *The Armstrong Lie* von Alex Gibney immerhin auf eine Bruttoeinnahme in den amerikanischen Kinos von fast 400.000 Dollar.

Wie heikel das Thema Doping für einen renommierten Journalisten in seiner Situation sein kann, zeigte sich, als sich Walsh bereit erklärte, die scheinbar großzügige Offerte des britischen *Sky*-Rennstalls anzunehmen und begann, intern zu den kursierenden Verdächtigungen über die dortigen Praktiken zu recherchieren. Er stellte trotz der kaum erklärlichen Dominanz von zuerst Bradley Wiggins und dann David Froome dem Team einen Persilschein aus. Ehe im Laufe des Jahres 2016 unter anderem durch Untersuchungen im Londoner Parlament eine Reihe von Tatbeständen herauskamen, die zeigten, dass Walsh bei seinem Vorgehen nicht kritisch genug gewesen war. Er sah sich daraufhin gezwungen, sich von seiner eigenen Arbeit zu distanzieren und erklärte Anfang 2017, dass man ihn düpiert habe.

Thomas Weisel

Thomas (Thom) Weisel wurde 1941 geboren und hatte Ambitionen als Eisschnellläufer, der es beinahe bis zur Teilnahme an den Olympischen Spielen 1960 in Squaw Valley geschafft hätte. Beruflich entwickelte er sich in Silicon Valley schon früh zu einem Investmentbanker, der Firmen zu Beginn mit Risikokapital unter die Arme greift. Das Geschäft läuft gewöhnlich nach dem Muster, dass die jungen Firmen irgendwann an die Börse gebracht werden, wo der Finanzier seine Einlagen hochprofitabel zu Geld macht. Auf diese Weise war Weisel etwa involviert, als der EPO-Hersteller *Amgen* den Schritt Richtung Aktienmarkt vollzog.

Mit einem Teil seiner Erträge begann er, sich im Hintergrund des amerikanischen Sports zu engagieren. Zu den Organisationen gehörte zunächst der Skiverband und dann der Radsport. Er koppelte dabei das Interesse mit gezielten Versuchen, sich etwa bei der Organisation *USA Cycling* so weit einzumischen, dass er Männer auf Posten schleusen konnte, die er für vertrauenswürdig hielt. Das gelang auch deshalb, weil der Verband 2000 in erhebliche finanzielle Schwierigkeiten geriet und auf Unterstützung angewiesen war.

Seine erste Berührung mit dem Profizirkus hatte sich Anfang der neunziger Jahre ergeben, als er sich um den Aufbau eines leistungsstarken amerikanischen Rennstalls kümmerte, der unter der Flagge des japanischen Automobilherstellers *Subaru* und seiner eigenen Firma *Montgomery Securities* segelte. Damals war Armstrong ein 18-jähriger Triathlet. Sein Mentor sah in ihm jedoch bereits mehr – „einen phänomenalen Athleten und einen vorlauten jungen Mann". Eine Kombination, die Weisel gefiel.

Die Verbindung zu Lance Armstrong, die noch vor dessen Krebsdiagnose begann, setzte sich mit Hilfe von Konstruktionen wie Managementfirmen fort, die unter unterschiedlichen Namen dasselbe Ziel verfolgten: Ein Team rund um den Texaner als Hauptleistungsträger zu bilden, das ihm Erfolge im europäischen Straßenradsport ermöglichen konnte, der prägenden und wichtigsten Szene in diesem Milieu. Die letzte Firma, mit der Weisel dies verfolgte, bekam den Namen *Tailwind*. Sie räumte später Lance Armstrong, seinem Manager Bob Stapleton und dem Sportlichen Direktor John Bruyneel Anteile ein, wurde aber nach dem ersten Karriererücktritt von Armstrong aufgelöst.

Zu den Bemühungen um eine Monetarisierung des *Tailwind*-Geschäftsmodells gehörten organisierte Gruppenfahrten zur *Tour de France*, wo man im Tross von Lance Armstrong und dem *US Postal Service* Team aus nächster Nähe Radsport-Atmosphäre schnuppern durfte. Oder auch exklusive Veranstaltungen im Winter, wo man mit Armstrong und seinen Mannschaftskameraden mit auf die Strecke gehen durfte. Man musste nach Recherchen des *Wall Street Journal* 200.000 Dollar oder mehr ausgeben, um in diesen erlesenen Kreis, den sogenannten *Champions Club* aufgenommen zu werden.

Weisel hat stets bestritten, dass er etwas von den Doping-Praktiken gewusst hat. Als einer der eindeutigen Vorwürfe ihm gegenüber gilt seine Rolle bei der *Tour de France* 1999, als er nach Aussage der Team-Masseuse Emma O'Reilly zu denjenigen gehörte, die den Plan aushecken, das bei einem Urintest ermittelte Kortison mit Hilfe eines zurückdatierten Rezepts zu legalisieren. Die Maßnahme verstieß sportjuristisch eindeutig gegen das Regelwerk des internationalen Radsportverbandes, wurde aber von oberster Stelle durchgewunken. Später wurde bekannt, dass dies möglicherweise aus mehr als nur Sympathie für Armstrong geschah. Der damalige *UCI*-Präsident Hein Verbruggen hatte in jenen Jahren Geld beim Investmentbanker Weisel angelegt.

Mein Dank

Mein Dank geht als erstes an all meine Auftraggeber und Kollegen bei *Deutschlandfunk* und *Deutschlandfunk Kultur*, bei der *Frankfurter Allgemeinen Zeitung*, beim *Tagesanzeiger*, bei der *Neuen Zürcher Zeitung* sowie bei der Sportredaktion des *WDR*-Fernsehens, ohne die ich mich nie auf die Suche nach den vielen Puzzleteilen dieses Betrugsfalls begeben hätte. Ein ganz besonderer Dank gilt Hajo Seppelt, der mir immer wieder im Rahmen seiner eigenen umfangreichen Anti-Doping-Berichterstattung die Gelegenheit gab, Menschen im Armstrong-Orbit zu treffen und zu interviewen und die Ergebnisse in seinen Sendungen integrierte.

Ich bin auch meinen zahlreichen Interviewpartnern sehr verbunden, vor allem dafür, dass sie sich ausgiebig Zeit für die Gespräche genommen haben, und möchte insbesondere Betsy und Frankie Andreu, Michael Birdsong, Dominique Eigenmann, Bill Gifford, Tyler Hamilton, Paul Kimmage, Floyd Landis, Juliet Macur, Brian Socolow, David Walsh sowie Travis Tygart nennen.

Eigentlich wäre es nur fair, mich auch bei Lance Armstrong zu bedanken, aber wenn, dann nicht, weil er für das Ausgangsmaterial dieses Buches verantwortlich ist, sondern weil er indirekt und, ohne es zu ahnen, einen Einfluss auf eine persönliche Entscheidung meinerseits mit weitreichenden Konsequenzen hatte. Ich habe mich gegen Ende der Arbeit an die Projekt zum ersten Mal ernsthaft mit einem Thema beschäftigt, das für mich viele Jahre lang davor allenfalls irgendwo im Hintergrund existierte. Ich begann mit der Suche nach einem guten, aber nicht zu teuren Rennrad, um nach Jahren einer intensiven Beschäftigung mit dem Golfspiel, etwas stärker sportlich aktiv zu werden. Ich fand ein attraktives, gebrauchtes Velo, mit dem ich seitdem bei gutem Wetter häufig unterwegs bin. Ich hatte keine Vorstellung davon, wie reizvoll solche Fahrten sein können, wenn man sie zielstrebig, regelmäßig und mit ein wenig Ehrgeiz und dem Ziel der Steigerung der eigenen Fitness betreibt. Inzwischen kann ich mir den Alltag ohne diese *macchina* italienischer Provinienz gar nicht mehr vorstellen.

Wer viel unterwegs ist, braucht ein Zuhause, zu dem er gerne zurückkehrt. Ich kann von Glück sagen, dass es das gibt. Und dass dies mit einem ganz bestimmten Menschen verbunden ist. Weshalb ihr, Doris Chevron, der allergrößte Dank zusteht.

Ich möchte aber keineswegs all die freundlichen Weggefährten vergessen, die es einem Autor erst möglich machen, ein solches Buch zu publizieren. Selbst wenn sich klassische Verlage allzu zögerlich geben oder abwinken, wenn sie kein Interesse und keine Courage haben, kreative Lösungen für Bücher zu unterstützen, die aus dem traditionellen Rahmen fallen. So muss man seine eigenen Wege suchen und finden und kann dies mittlerweile auch. Deshalb wäre an dieser Stelle Cynthia Heslin zu nennen, die an der Gestaltung des Covers beteiligt war.

Das Besondere an diesem Projekt: Es war von Anfang an in erster Linie als Hörbuch angelegt. Denn anders lassen sich die Stimmen all der Gesprächspartner, die mir exklusiv zur Verfügung standen, als authentische Einzelbelege von jahrelangen und umfangreichen Recherchen nicht so würdigen, wie sie es verdienen. Das Armstrong-Universum besteht nämlich aus vielen Menschen mit sehr persönlichen Ansichten und Sichtweisen. Weshalb ich jeden Leser ermuntern möchte, sich bei einer der zahlreichen Vertriebsplattformen, die den knapp sechs Stunden langen Stream anbieten, mit der Audio-Version zu beschäftigen. Man kann dort in einzelne Kapitel hineingehören und sich auf diese Weise ohne großen Aufwand einen Eindruck verschaffen.

Diese gedruckte Version entstand übrigens genau genommen nur deshalb, weil manche Online-Vertriebskanäle Hörbücher kurioserweise nur in der Kombination mit einer verschriftlichten Fassung in ihre Listen aufnehmen.

In jedem Fall: viel Vergnügen.

So geht ein weiterer Dank am Schluss schon mal an all jene, die diesen anderen Teil meiner Arbeit erst noch entdecken werden. Und erst recht an jene, die sich bis auf diese letzte Seite im Buch vorgetastet haben. Was wären Journalisten ohne ein sachverständiges und interessiertes Publikum? Nicht mehr als Marktschreier und Marketender.

Dies ist übrigens der Auftakt zu einer neuen Serie unter dem Namen *sonixstories*. Man findet mehr Informationen darüber auf der Webseite www.sonixstories.com und auch auf *Facebook* unter https://www.facebook.com/sonixstories/

Impressum

Alle Texte sowie die grafische Gestaltung des Umschlags: © 2019 Jürgen Kalwa

Email-Kontakt: jkalwa@identiteam.com
Postalisch: Jürgen Kalwa, P. O. Box 166, West Cornwall, Ct. 06796, USA

Dieses Buch erscheint in der neuen *sonixstories*-Reihe und ist eine Produktion von Identiteam LLC.

Coverfoto: United States Department of Defense/Archiv/Public Domain (Fotograf: U.S. Navy Petty Officer 1st Class Chad J. McNeeley)

Coverausführung: Cynthia Heslin